EDUCAÇÃO NÃO FORMAL NO CAMPO DAS ARTES

Questões da Nossa Época
Volume 57

Dados Internacionais de Catalogação na Publicação (CIP)
(Câmara Brasileira do Livro, SP, Brasil)

Educação não formal no campo das artes / Maria da Glória Gohn, (org.). -- São Paulo : Cortez, 2015.

Vários autores.
ISBN 978-85-249-2341-8

1. Artes 2. Educação não formal 3. Política social I. Gohn, Maria da Glória.

15-02045   CDD-370.1

Índices para catálogo sistemático:
1. Educação não-formal   370.1

Maria da Glória Gohn (Org.)

EDUCAÇÃO NÃO FORMAL NO CAMPO DAS ARTES

1ª edição
1ª reimpressão

EDUCAÇÃO NÃO FORMAL NO CAMPO DAS ARTES
Maria da Glória Gohn (Org.)

Capa: aeroestúdio
Preparação de originais: Ana Paula Luccisano
Revisão: Patrizia Zagni
Composição: Linea Editora Ltda.
Coordenação editorial: Danilo A. Q. Morales

Nenhuma parte desta obra pode ser reproduzida ou duplicada sem autorização expressa da autora e do editor.

© 2015 by Maria da Glória Gohn

Direitos para esta edição
CORTEZ EDITORA
Rua Monte Alegre, 1074 – Perdizes
05014-001 – São Paulo – SP
Tel. (11) 3864 0111   Fax: (11) 3864 4290
E-mail: cortez@cortezeditora.com.br
www.cortezeditora.com.br

Impresso no Brasil — janeiro de 2021

Sumário

Apresentação
Maria da Glória Gohn 7

Introdução — Cenário geral: educação não formal —
o que é e como se localiza no campo da cultura
Maria da Glória Gohn 15

1. Educação não formal e a arte nos movimentos
sociais
Maria da Glória Gohn 29

2. Teatro e cidadania: relações históricas e
contribuições educacionais
Talitha Cardoso Hansted 45

3. A educação pela arte: o papel social desempenhado
na formação do jovem
Maria Cecília do Amaral Campos de Barros Santiago 67

4. "Feio não é bonito?" Experiências com a produção de arte infantil em um espaço de educação não formal
   Zilpa Maria de Assis Magalhães................................ 83

5. Meios tecnológicos para a educação não formal de música
   Daniel Marcondes Gohn................................ 109

Apresentação

O universo das artes é um dos grandes campos de desenvolvimento da educação não formal, quer se trate de projetos desenvolvidos por grupos ou por programas individuais de aprendizagem. Isso ocorre talvez pelas características da própria arte, que possui estreita relação entre a experiência prática e a concepção final de uma obra, relação que ultrapassa aspectos formais de ensino-aprendizagem, adentrando no campo das habilidades, subjetividade, identidade, memória etc. Por isso os processos de aprendizagem em qualquer das formas de expressão ou linguagens das artes perpassam a educação não formal. Por seu potencial de criatividade e leitura crítica da realidade, muitas vezes a arte está adiante de seu tempo histórico, enuncia temas e problemas ainda não presentes com clareza no cotidiano.

As artes condensam múltiplas formas de expressão artística: a música, a pintura, artes plásticas, artes cênicas, como o teatro, a dança; as artes visuais (da fotografia ao *design* na multimídia, passando pelo cinema), artes nas comunicações (televisão, rádio, internet, redes sociais etc.); a arte do grafite, cartazes, cartuns ou *outdoors* nas ruas, e os museus as concentram. Todas(os), no seu conjunto, formam e informam os cidadãos. Usualmente, as artes ocorrem em espaços delimitados, específicos; utilizam expressões verbais, corporais e recursos tecnológicos. A música, por apresentar características de uma linguagem universal, expressa diferentes tipos de aprendizagens. O teatro, desde os gregos, condensa múltiplas artes (da fala/texto, expressão/corpo/dança, coreografias etc.). O grafite nas ruas pode ser apenas forma de expressão artística ou gritos de protesto. Os cartazes são vozes silenciosas que falam por si. O cartum usa a arte para fazer sátira, provoca risos, faz crítica social e desenvolve novas formas de consciência e de liberdade. Os museus são, desde tempos remotos, grandes escolas de aprendizagem e produção de saberes, porque eles condensam possibilidades de construir comunidades de aprendizagem, integram história, memória e educação, apresentando alternativas à forma tradicional como cada um destes espaços entende e promove conhecimento e cidadania. A dança é a grande expressão cultural de um povo, comunidade, região ou país. Ela pode resultar de um hibridismo, em que se mesclam as culturas ressignificadas (originárias, clássico-modernas ou contemporâneas), nas quais movimentos do corpo, vestimentas e adornos compõem a identidade cultural de um grupo, nação ou território. Esse processo se faz via aprendizagens não formais. Em todos esses campos, a educação não formal está presente. A dança também pode expressar resistência, contestação criativa e novas formas de experimentação e aprendizagens. Durante o período de ditadura militar no Brasil na década de 1970, quando a liberdade de expressão era reprimida, o teatro Ruth Escobar, em São Paulo, criou um espaço denominado

"Galpão", onde a bailarina Marilena Ansaldi desenvolveu formas novas de contestação criativa.

Assim, as artes estão presentes também em lutas e movimentos sociais da sociedade civil. Desde tempos remotos, linguagens artísticas têm sido utilizadas como forma de protesto social. Arte e política são o binômio que emoldura esta relação. Qual é o lugar da arte nos processos de mudança e transformação social? Existem diferentes maneiras de observar a relação das artes com os movimentos e protestos sociais. Basicamente, podemos agrupar essas formas em dois grandes blocos: um a partir do artista, do produtor da obra, como ele retratou dada luta social; outro com base em obras criadas no próprio processo de luta, para expressar ou registrar a indignação. Mestres da pintura registraram em telas as lutas sociais de povos oprimidos, como Picasso, com *Guernica*. Outros criaram ou retrataram símbolos que se transformaram em ícones das lutas por justiça e liberdade, como a pintura de Eugène Delacroix, *A liberdade guiando o povo*, de 1830. As barricadas foram as principais fontes de inspiração; o barrete que a mulher segura na tela, sabemos, advém da Revolução Francesa de 1789-1794. Essa pintura emblemática tornou-se um símbolo que atravessa séculos, criou representações sobre a necessidade da 'liberdade' e o papel do povo para conquistá-la, representado na tela por diferentes classes e camadas sociais. Essa tela passou a ser fonte de aprendizagem incorporada na memória dos cidadãos; serviu de inspiração para centenas de outras obras emblemáticas, a exemplo da estátua da Liberdade em Nova York, doada pelos franceses; ou foi parcialmente reproduzida em objetos diferenciadores de uma nação, como seus valores monetários expressos nas moedas e nas cédulas em papel. No Brasil, o rosto da mulher/Liberdade de Delacroix foi inspiração desde a proclamação da República; ele está gravado até o momento atual em cédulas do Real.

Alguns objetos artísticos foram criados para entrar no campo das lutas, a exemplo do cubo metálico inflável, criado durante as manifestações e greves que paralisaram a Espanha em 2012 — aparentemente lúdico, ele impedia que fotos dos manifestantes fossem feitas, para que não viessem a ser identificados. Denominado cubo refletor, esse objeto entrou para a história do *design* da arte de protesto. Ele esteve presente em 2014, em Londres, quando se organizou a exposição "Disobedient Objects", no museu Victoria and Albert, mapeando objetos que ajudaram a 'mudar o mundo', por contribuir com as lutas e os protestos. Essa exposição explorou o papel desses objetos no ativismo político dos movimentos sociais, desde frases de protesto até a pintura em tecidos, desenhos para ilustrar barricadas e bloqueios, pôsteres, cartazes, bonecos etc. A ideia e obra do cubo inflável, criado pelo artista alemão, Artur van Balen, que atua junto a um coletivo, desenvolveu-se a partir de 2012, quando o grupo passou a criar outros objetos infláveis para serem usados nos protestos sociais. Eles criam espetáculos na imprensa, adequados para a busca midiática veloz dos órgãos de comunicações atuais, publicizando, portanto, os protestos. Com isso, gravam-se e criam-se memória e aprendizagens. É a educação não formal em ação nas artes.

No cinema, encontramos a presença ou o cruzamento das duas formas citadas anteriormente, obra e autor. Filmes de longa-metragem ou documentários foram produzidos sobre lutas, movimentos, protestos. Eles constituem material de valor inestimável para a educação dos cidadãos, não apenas como registro, mas também para formar opiniões, desenvolver o senso crítico, ajudar a pensar a vida para além do cotidiano e suas necessidades imediatas. Um bom filme poderá dar elementos para que os indivíduos interpretem a realidade, isso é muito mais do que se informar, é formar, é desenvolver no ser humano uma capacidade inata, pouco exercitada na sociedade moderna de consumo veloz e da destruição/substituição dos objetos — desenvolve a capacidade de pensar, especialmente a de pensar por conta própria.

Este livro objetiva apresentar articulações e concepções possíveis entre arte e educação não formal, assim como aborda as expressões artísticas como agências enunciadoras de saberes. Os capítulos são ecléticos porque tratam de diferentes linguagens artísticas (focalizam teatro, dança, grafite, artes plásticas e visuais, música etc.), bem como abordam esses campos de modo diferente — alguns a partir de exemplos na prática e outros contextualizando/historicizando os processos, outras vezes apresentando formas artísticas presentes nos protestos de rua. Citam-se projetos sociais desenvolvidos junto a comunidades e grupos tidos como vulneráveis socioeconomicamente. A arte, utilizada como meio de inclusão social, contribui para a democratização do acesso à cultura e impulsiona o exercício dos direitos culturais que todos devem ter.

Selecionamos, no campo das artes, cinco estudos aqui apresentados sobre: teatro, música, artes plásticas, arte-

-educação na dança e no grafite e arte na política — esta última sobre a arte nas manifestações nas ruas em junho de 2013 em São Paulo, um estudo de minha autoria. Nos demais, três deles foram desenvolvidos em programas de pós-graduação sob minha orientação: pesquisas de Talitha Cardoso Hansted sobre teatro, Zilpa Maria de Assis Magalhães sobre artes plásticas e educação não formal, e Maria Cecília do Amaral Campos de Barros Santiago sobre a educação pela arte. O capítulo sobre música é escrito por Daniel Marcondes Gohn.

A Introdução, *Cenário geral: educação não formal — o que é e como se localiza no campo da cultura*, de minha autoria, objetiva retomar a categoria educação não formal, como cena de abertura do enredo a ser apresentado a seguir. O capítulo 1, *Educação não formal e a arte nos movimentos sociais*, também escrito por mim, prossegue abordando o tema da educação não formal gerada em protestos e manifestações de rua, no Brasil, em junho de 2013. Saberes existentes ou criados incorporaram-se à memória das lutas sociais do país e passaram a fazer parte do repertório de momentos históricos emblemáticos como cultura da indignação, tais como os ocorridos na década de 1980 com as "Diretas Já", ou as manifestações dos "Caras Pintadas" que levaram ao *impeachment* do ex-presidente Collor de Mello, nos anos 1990. No texto, buscam-se sentidos e significados possíveis presentes em formas artísticas que fizeram parte das manifestações de 2013 a exemplo dos cartazes de protesto. Os cartazes também estiveram presentes no exterior no mesmo período, em atos de apoio às manifestações. Dentre uma seleção de cartazes, faz-se uma análise das matrizes discursivas que informam as demandas solicitadas ou denunciadas, assim como outras formas artísticas criadas depois, sobre as 'jornadas de junho'.

O capítulo 2, *Teatro e cidadania: relações históricas e contribuições educacionais*, foi escrito por Talitha Cardoso Hansted. As relações entre teatro, cidadania e educação não formal são focalizadas tanto do ponto de vista da história do teatro quanto em ambientes educacionais, destacando a atividade teatral como propícia ao exercício da colaboração, ao exercício da cidadania, à instauração de processos emancipatórios e à conquista da autonomia. Trata-se também de um estudo que remete a uma das grandes possibilidades de articulação da arte não formal com as escolas, com a educação formal.

O capítulo 3, *A educação pela arte: o papel social desempenhado na formação do jovem*, de Maria Cecília do Amaral Campos de Barros Santiago, faz uma breve retrospectiva sobre arte-educação e apresenta exemplos no campo da dança e do grafite desenvolvido por ONGs com jovens em São Paulo.

O capítulo 4, *"Feio não é bonito?" Experiências com a produção de arte infantil em um espaço de educação não formal*, é de autoria de Zilpa Maria de Assis Magalhães. Ela parte de experiências com a produção de arte infantil em um espaço de educação não formal na zona leste de São Paulo, fazendo a seguir o resgate da relação sobre arte e a educação no Brasil, em diferentes momentos históricos. Esse resgate é importante para os educadores que atuam em projetos sociais, campo por excelência da educação não formal.

O capítulo 5, *Meios tecnológicos para a educação não formal de música*, de Daniel Marcondes Gohn, aborda diferentes possibilidades de aprendizagem de música via internet, como cursos *on-line* abertos e massivos (os chamados MOOCs) e vídeos no YouTube. Os exemplos escolhidos demonstram casos de estudo de instrumentos musicais, tecnologias para produção musical e história da música. Ou seja, os exemplos são faces da operacionalização de formas de aprendizagens no campo da educação não formal, demonstrando que muitas vezes elas estão articuladas ou nascem como extensões de processos formais/institucionalizados.

São Paulo, janeiro de 2015

Maria da Glória Gohn

Introdução

Cenário geral: educação não formal — o que é e como se localiza no campo da cultura

Maria da Glória Gohn

Objetiva-se nesta introdução recolocar a categoria educação não formal, nomear e refletir sobre processos considerados como práticas de educação não formal. Ideias desenvolvidas em três livros anteriores meus sobre o tema serão aqui condensadas (ver Gohn 1999, 2007, 2010), acrescidas de reflexões no campo das artes. Inicialmente, apresenta-se um breve panorama sobre como ocorrem as aprendizagens no campo da educação não formal, o espaço e papel da cultura no processo e o espaço das linguagens artísticas nesse campo.

A concepção que adoto de educação não formal parte do suposto de que a educação propriamente dita é um conjunto, uma somatória que inclui a articulação entre educação formal, aquela recebida na escola, regulamentada e normatizada por leis, via um conjunto de práticas que se organizam em matérias e disciplinas; a educação informal, aquela que os indivíduos assimilam pela família, pelo local onde nascem, religião que professam ou por meio do pertencimento a uma região, território e classe social da família; e a educação não formal, que tem um campo próprio, embora possa se articular com as duas anteriores.

A educação não formal é um processo sociopolítico, cultural e pedagógico de formação para a cidadania, entendendo o sociopolítico como a formação do indivíduo para interagir com o outro em sociedade. Ela designa um conjunto de práticas socioculturais de aprendizagem e produção de saberes, que envolve organizações/instituições, atividades, meios e formas variadas, assim como uma multiplicidade de programas e projetos sociais. A educação não formal não é nativa, no sentido de herança natural; ela é construída por escolhas ou sob certas condicionalidades, há intencionalidades no seu desenvolvimento, o aprendizado não é espontâneo, não é dado por características da natureza, não é algo naturalizado.

A educação não formal engloba saberes e aprendizados gerados ao longo da vida, de forma individual ou coletiva — a exemplo de experiências via a participação social, cultural ou política em determinados processos de aprendizagens, tais como em projetos sociais, movimentos sociais, programas de formação sobre direitos humanos, cidadania, práticas identitárias, lutas contra desigualdades e exclusões sociais etc. Elas estão no centro das atividades das ONGs nos programas de inclusão social, especialmente no campo das artes, educação e cultura. A música tem sido, por ter características de uma linguagem universal e por atrair a atenção de todas as faixas etárias, o grande espaço de desenvolvimento de programas e projetos da educação não formal. E as práticas não formais desenvolvem-se também no exercício de participação, nas formas colegiadas e conselhos gestores institucionalizados de representantes da sociedade civil. Para os objetivos deste livro, interessa-nos destacar as práticas nos Conselhos e Casa de Cultura.

Os processos de aprendizagem na educação não formal ocorrem a partir da produção de saberes gerados pela vivência, por exemplo, na arte de tocar um instrumento ou desempenhar uma atividade — de dança, teatro, pintura etc. As vivências constituem-se em momentos de situações--problema, desafios a serem enfrentados e superados. Os aprendizes têm de mergulhar por inteiro nas atividades/ ações, corpo e intelecto, e não apenas utilizar as atividades mentais, o raciocínio lógico (que certamente continua se fazendo presente o tempo todo, monitorando a experimentação). O intelecto e o pensamento articulam-se com o movimento do corpo do aprendiz, cria-se uma unidade de ação. Os resultados desse processo configuram identidades ao sujeito aprendiz, constroem repertórios que delineiam a própria história desses sujeitos.

Adota-se neste livro uma perspectiva de aprendizagem como um processo de formação humana, criativo e de aquisição de saberes e certas habilidades que não se limitam ao adestramento de procedimentos contidos em normas instrucionais, como querem algumas abordagens simplificadoras na atualidade. Certamente, em alguns casos, como na aprendizagem de um instrumento musical, no resultado do processo deverá haver a incorporação de algum grau de "instrumentalidade técnica", mas ela não é o principal objetivo nem o fim último do processo. E mais do que isso: o conteúdo apreendido nunca é exatamente o mesmo do transmitido por algum ser ou meio/instrumento tecnológico porque os indivíduos reelaboram o que recebem segundo sua cultura. Thompson (1984) atenta-nos para esse aspecto quando fala do processo reflexivo da aprendizagem, da reconstrução contínua da cultura no fazer humano. É fazendo que se aprende. A experiência tem papel importante e entendemos a cultura como um processo vivo e dinâmico, fruto de interações em que são construídos valores, modos de percepção do mundo, normas comportamentais e de conduta social, uma moral e uma ética no agir humano. O meio sociocultural onde se vive e a classe social a que se pertence também interferem na cultura dos indivíduos. Ou seja, o que tencionamos deixar claro é que não existem conteúdos "fechados", absorvidos acriticamente, de fora para dentro. Sempre há recriação, reelaboração interna, mental, de tal forma que o que foi aprendido é retraduzido por novos códigos, de dentro para fora, e ao se expressar como linguagem ou comportamento é um conhecimento elaborado. Há, portanto, um grau relativo de autonomia do sujeito que aprende. É o que os analistas denominam "reconstrutivíssimo" (Demo, 2001). Ao contrário do ensino, que se esforça por repassar certezas que são reconfirmadas na prova, a aprendizagem gerada nos processos de educação não formal busca a necessária flexibilidade diante de uma realidade apenas relativamente formalizada, valorizando o contexto do erro e da dúvida. "Pois quem não erra, nem duvida, não pode aprender" (Demo, 2001, p. 9).

Há sempre intencionalidades nesses processos. A educação não formal aglutina ideias e saberes produzidos via o compartilhamento de experiências, produz conhecimento pela reflexão, faz o cruzamento entre saberes herdados e saberes novos adquiridos. Atua no campo no qual os indivíduos agem como cidadãos, dotados de vontades, em busca da realização de dados objetivos.

Entendemos a educação não formal como aquela voltada para o ser humano como um todo, cidadão do mundo, homens e mulheres. Em hipótese nenhuma ela substitui ou compete com a educação formal, escolar. Poderá ajudar na complementação desta última, via programações específicas, articulando escola e comunidade educativa localizada no território de entorno da escola; ou mesmo dentro da própria escola, articulando saberes curriculares normatizados e atividades extraclasses, usualmente vistas como complementares na formação do educando. A educação não formal tem alguns de seus objetivos próximos da educação formal, como a formação de um cidadão pleno, mas tem também a possibilidade de desenvolver alguns objetivos que lhes são específicos, via a forma e espaços onde se desenvolvem suas práticas, a exemplo de um conselho ou a participação em uma luta social. Quando é acionada em processos sociais desenvolvidos em comunidades carentes socioeconomicamente, ela possibilita processos de inclusão social por meio do resgate da riqueza cultural daquelas pessoas, expressa na diversidade de práticas, valores e experiências anteriores. Quando presente na fase de escolarização básica de crianças, jovens/adolescentes ou adultos, como pode ser observado em vários movimentos e projetos sociais, ela potencializa o processo de aprendizagem, complementando-o com outras dimensões que não têm espaço nas estruturas curriculares. Ela não substitui a escola, mas também não pode ser vista como mero coadjuvante, para simplesmente ocupar os alunos fora do período escolar, completando o cotidiano de uma pretensa escola integral. A educação não formal tem seu próprio espaço e visa formar o cidadão, em qualquer idade, classe socioeconômica, etnia, sexo, nacionalidade, religião etc. para o mundo da vida. Ela tem condições de unir cultura e política (aqui entendidas como *modus vivendis*, conjunto de valores e formas de representações), dando elementos para uma nova cultura política.

A educação não formal poderá ocorrer tanto em espaços urbanos como rurais; tanto em espaços institucionalizados (no interior de uma escola ou em um conselho gestor, exemplos já citados), como no interior de um movimento social, entre aqueles que lá estão participando e reivindicando, e vão aprender algo sobre dado tema — quem são os opositores, os encaminhamentos necessários; poderá ocorrer ainda em outros espaços sociopolíticos, como nas ONGs, nos museus etc. Estes últimos contribuem para uma visão ampliada da história, da cultura, do folclore e da arte de determinado contexto. É possível visualizar de que forma as transformações foram ocorrendo com o passar do tempo, com isso novas aprendizagens são adquiridas, tais como a aquisição da noção de tempo e espaço históricos.

Ou seja, a educação não formal é um processo de aprendizagem, não uma estrutura simbólica edificada e corporificada em um prédio ou numa instituição; ela ocorre via o diálogo tematizado. Na gestão de uma política cultural, em um espaço público, ao trabalhar com democracia deliberativa compartilhada, em que se juntam representantes do poder público com representantes da sociedade civil organizada, o exercício da educação não formal é uma possibilidade real. Entretanto, o caráter dessa participação, se emancipatória ou integradora, vai depender da qualidade das relações e interações desenvolvidas, do projeto sociopolítico e cultural dos grupos em ação.

No mundo atual capitalista ocidental, veloz e de vivências fugazes, ávido de novidades, sempre pressionando os indivíduos a produzirem mais, em menos tempo, e com maior intensidade, centrado na busca de resultados, novidades e saberes superficiais sobre tudo, os processos de autoaprendizagem, especialmente por meio de recursos tecnológicos, via redes sociais da internet, ou as buscas no "Dr. Google", são caminhos para atender a necessidades e anseios dos indivíduos. Não raro assume a forma de "autoajuda". Mas há fatos novos em desenvolvimento na sociedade capitalista ocidental que estão fazendo com que novos olhares sobre a vida e as relações humanas surjam e se fortaleçam. Trata-se da retomada do sonho de um modelo civilizatório centrado em valores éticos e humanitários. Nesses casos, as aprendizagens não formais têm sido a estrada principal a pavimentar esta via. E o campo da cultura é o palco por excelência. Não basta aspirar a algo, é preciso vivenciá-lo. E, para isso, precisa-se de: auto-organização, planos e estratégias de aprendizagem e autoaprendizagem. O novo modelo exige mais que valores, é preciso adotar práticas ativas, construtivas. Não basta ficar lendo eternamente sobre as obras de arte, é preciso vê-las, contemplá-las. É preciso aprendizagem sociocultural para compreender esta nova experiência de vivenciamento do sonho, da vontade, do desejo. Isso tudo leva à rediscussão do paradigma emancipatório e às reais possibilidades da participação da sociedade civil na construção de novos horizontes societários. As respostas a demandas e pressões da sociedade sobre o estado têm de ser político-culturais e não policiais. As artes são meios de viabilizar propostas e respostas culturais, de grupos para a sociedade, e do Estado para a sociedade, em tempos sombrios de violência e intolerância.

Qualquer que seja o caminho metodológico construído ou reconstruído, é de suma importância atentar para o papel dos agentes mediadores no processo de educação não formal: educadores, mediadores, assessores, facilitadores, monitores, referências, apoios ou qualquer outra denominação que se dê para os indivíduos que trabalham com grupos, organizados ou não, ou que atuam como modelos referenciais básicos para a autoaprendizagem dos indivíduos. Eles são fundamentais na marcação de referenciais no ato de aprendizagem, carregam visões de mundo, projetos societários, ideologias, propostas, conhecimentos acumulados etc. Eles se confrontarão com os outros participantes do processo educativo, estabelecerão diálogos, conflitos, ações solidárias etc. Eles se destacam no conjunto e, por meio deles, podemos conhecer o projeto socioeducativo do grupo, a visão de mundo construída, os valores defendidos e os rejeitados. Ou seja, qual o projeto sociopolítico e cultural do grupo em tela. Consideramos importante finalizarmos esta introdução com a temática dos projetos sociopolíticos e culturais, porque na atualidade ela anda esquecida. As mudanças operadas pela globalização e os avanços nos meios de comunicações alteraram profundamente as formas de atuação da sociedade civil, especialmente com a emergência de coletivos transnacionais e comunidades de aprendizagens interativas, autocentradas, focadas no *self*, em que o outro é um meio para sua própria realização e não a de um projeto coletivo. Mas essa forma de ver e agir no mundo também é um projeto sociopolítico, cultural e pedagógico da pós-modernidade e, por isso, o tema é relevante ao tratarmos da cidadania e emancipação social implícitas nos processos da educação não formal. Até muito recentemente a noção de projeto era associada a visões centralizadoras sobre a realidade, a um discurso único, totalitário, que se apresentava como "a verdade", a direção a ser seguida. A crise do paradigma científico na era da globalização, as incertezas, a fragmentação do tecido social, o enfraquecimento do coletivo e a valorização dos indivíduos isolados etc. levaram ao questionamento daquelas visões, agora taxadas como manipuladoras. Entretanto, isso também ocorreu porque novos projetos surgiram, ou foram resgatados do passado. Os projetos, assim como as utopias, não morrem ou desaparecem, eles se transformam, ou se recriam.

Entendemos como projeto sociopolítico, cultural e pedagógico (doravante aqui denominado apenas "projeto"), de um grupo, organização ou movimento social, o conjunto de crenças, valores, ideologias, formas de conceber e de fazer as ações sociais coletivas concretas; ou o conjunto de crenças e valores que orientam escolhas e decisões de indivíduos isolados. Esse conjunto é compartilhado no que tange a seus valores principais. O conteúdo desse conjunto, principalmente no que se refere às crenças, usualmente é anterior à existência de um grupo, extrapola seus limites e fronteiras. Para encontrar sua origem ou gênese, temos de resgatar as redes de articulação e de comunicações do grupo, organização ou movimento, ou associação. Na maioria das vezes, o conteúdo do projeto modifica-se a partir da prática, da experiência cotidiana. Mas ele se modifica pela incorporação de temas que buscam dar soluções a seus problemas, por isso os projetos sociais, as lutas, as metas de ação dos processos de educação não formal centralizam-se em temas específicos e não em grandes projetos societários. Mas inovação e criatividade surgem desse processo e elas não se resumem ao grupo que as desenvolveu. Uma vez criadas, passam a ser de domínio público e se universalizam. Muitas obras de arte emblemáticas são frutos desse processo, no espaço público assumem o papel de educadoras pelo caráter enunciador de sua simbologia, junto às representações de um povo, nação ou grupo social.

O núcleo central de um projeto é constituído por seus princípios, cujos pressupostos têm longa duração. Ele muda quando o conjunto das inovações introduzidas nas práticas internas e externas de um grupo social altera a realidade existente, num processo mais estrutural; ou quando indivíduos adotam novos referenciais ou "gurus" para inspirarem-se, ou alicerçar suas práticas e novas crenças. Quando isso ocorre, há uma mudança no paradigma balizador dos princípios articuladores do movimento, grupo ou organização, cria-se uma nova dimensão ao projeto existente, desenvolvessem-se novos elementos identitários. A dimensão utópica — antes implícita como referencial, meta a ser atingida — passa a ser um mecanismo operativo no interior da ação individual ou coletiva desenvolvida. Redefinem-se estratégias, desdobram-se bandeiras de lutas, novos campos para a ação social se descortinam. Surgem novos conceitos que dão significado e consistência às palavras. Como exemplo, no plano coletivo, podem-se citar a trajetória do movimento das mulheres na busca de relações de gênero mais igualitárias; ou o movimento ambientalista ao desnaturalizar a própria concepção de natureza como um ecossistema do qual o ser humano é parte, e não como algo inerte ou inesgotável, demonstrando seu lado ativo, perene, mas também reativo ou regenerativo.

O componente cultural simbólico se manifesta também em práticas efetivas, assim como se expressa nas representações que o projeto cria. Recriam-se no imaginário popular novas representações advindas dos novos fundamentos e valores. É um processo pedagógico lento em que a educação não formal contribui. Como tal essas representações criam a identidade do projeto. Os princípios e os valores constituem o núcleo central de um projeto e são eles que dão elementos para a polêmica e para o debate social. Com isso, o projeto desempenha um papel pedagógico na construção de uma nova cultura política de uma nação.

Outro aspecto importante e que nunca deve ser esquecido: o projeto não é um conjunto consolidado de visões ou valores, algo estático. É dinâmico, altera-se permanentemente segundo o desejo de mudança, de transformação social; o desenho de cenários a que se almeja chegar são sonhos, de liberdade e de resistência, que esses projetos formatam. Por isso, na maioria das vezes, os projetos não são construções simbólicas consolidadas, mas metas a se atingir. E a área das artes é sempre um espaço básico na construção de novos projetos, de antecipar visões sobre o futuro e confrontá-las com o presente. É no espaço público, no agir político, que podemos observar o projeto sociopolítico e cultural de um grupo, ou autor, e o caráter educativo e pedagógico de suas obras.

Em síntese, ao advogarmos a defesa da compreensão e apreensão dos projetos de grupos, indivíduos e grupos, apontamos para caminhos pedagógicos nos quais ocorrem aprendizagens e produção de saberes. No campo das artes, os projetos podem ter maior fluidez, reconstroem-se mais regularmente. No próximo capítulo, serão abordados fatos na relação arte e política, a arte como uma forma de expressão política e atuando em acontecimentos políticos. Desde logo registramos: não defendemos e não temos como visão a premissa da arte a serviço da política, especialmente a política partidária, ou de interesses de dados grupos políticos. Para nós, a arte é forma de expressão humana.

Referências

AFONSO, A. J. Sociologia da educação não formal. Reactualizar um objeto ou construir uma nova problemática? In: ESTEVES, A. J.; STOER, S. R. *A sociologia na escola*. Porto: Afrontamento, 1989.

BOGÉA, Inês. *Caminhos cruzados*. São Paulo: Ed. Sesc, 2014.

DEMO, Pedro. *Cidadania pequena*. Campinas: Autores Associados, 2001.

GOHN, Daniel. *Autoaprendizagem musical*. São Paulo: Annablume, 2003.

_____. *Educação musical a distância*. São Paulo: Cortez, 2011.

GOHN, Maria da Glória. *Movimentos sociais e educação*. 8. ed. São Paulo: Cortez, 2012.

_____. *História dos movimentos e lutas sociais*. 8. ed. São Paulo: Loyola, 2013.

_____. *Não fronteiras:* universos da educação não formal. São Paulo: Itaú Cultural, 2007.

_____. *Educação não formal e cultura política*. São Paulo: Cortez, 1999.

_____. *Educação não formal e o educador social*. São Paulo: Cortez, 2010.

THOMPSON, E. P. *Tradición, revuelta y consciencia de clase*. Barcelona: Editorial Crítica, 1984.

TOURAINE, Alain. *Un nouveau paradigme*. Paris: Fayard, 2005.

TRILLA, Jaune. A educação não formal. In: GHANEM, Elie; TRILLA, Jaume; ARANTES, Valéria A. *Educação formal e não formal*. São Paulo: Summus, 2008. p. 15-58.

1

Educação não formal e a arte nos movimentos sociais

Maria da Glória Gohn

Este capítulo destaca algumas formas de expressão artística presentes nas manifestações de ruas ocorridas no Brasil, em junho de 2013. Serão analisados os sentidos e significados possíveis de dizeres e práticas presentes em cartazes de protesto, exposições, peças teatrais, espetáculos, documentários e vídeos, por meio da análise das matrizes discursivas que informam as demandas solicitadas ou denunciadas, destacando as aprendizagens desenvolvidas e os saberes produzidos.

Desde a década de 1990 produzimos textos, livros e insistimos na tese do caráter educativo dos movimentos sociais: para seus participantes, para a sociedade e para os órgãos públicos ou privados com os quais interagem em seus confrontos e questionamentos. Esta aprendizagem não se limita à absorção ou à criação de conteúdos e significados desenvolvidos nos processos participativos. Ela incorpora também formas e diferentes linguagens artísticas produzidas ou ressignificadas no cotidiano das ações de coletivos de jovens e nos movimentos sociais.

Os movimentos sociais foram pioneiros na utilização dos processos de educação não formal, anteriores aos programas e projetos sociais das ONGs, dos anos de 1980 para cá. Já nos anos 1960 no Brasil, e depois, a partir de 1970, quando tínhamos movimentos ligados às pastorais religiosas, ou às comunidades eclesiais de base, a educação não formal estava presente, por exemplo, na aprendizagem para fazer "leituras de mundo" (interpretação da realidade). Reunia-se a comunidade em círculo no salão paroquial para discutir como os participantes recebiam os salários e como se distribuíam esses salários. O objetivo era que eles tivessem uma compreensão do momento histórico que viviam, do regime político existente e do modelo econômico vigente.

Analisava-se se a população estava sendo explorada ou não. Isso levou à formação do famoso Movimento do Custo de Vida, que teve papel muito importante na luta contra o regime militar, chegou a colher milhares de assinaturas e entregou uma carta ao então presidente da República, aglutinando vários outros movimentos sociais. Ou seja, nessa trajetória havia uma intencionalidade, com objetivos, práticas. Naquela época se utilizavam muito cartilhas com desenhos e ilustrações para as ações educativas, nos processos de aprendizagem e produção dos saberes, porque grande parte da população era analfabeta. A educação não formal operacionalizava-se em discussões e representações teatrais. A parte da cultura entrava pela área das artes, tais como a dança, a música de protesto. Tudo isso atuava como forma educativa, no campo da educação não formal. Atualmente, com o desenvolvimento tecnológico, não se usam mais as cartilhas, assim como os estudantes não escrevem tanto nos muros para protestar; são os *blogs* e as comunicações via internet que acabam tendo esse papel de mediação e interlocução entre os movimentos sociais.

Os movimentos sociais passaram a atuar em rede e em parceria com outros atores sociais, dentro dos marcos da institucionalidade existente e não mais à margem do Estado, somente no interior da sociedade civil, como no período anterior, no regime militar. A nova fase gerou práticas novas, exigiu a qualificação dos militantes; ONGs e movimentos redefiniram seus laços e relações. Nos centros urbanos, os movimentos com matizes político-partidárias fortes se enfraqueceram, fortaleceram-se os movimentos com perfil de demandas mais universais, mais plurais em termos de composição social — como os ecológicos e pela paz. Entretanto, com a crise econômico-financeira internacional após 2008, novas modalidades de movimentos sociais surgiram, como o Movimento dos Indignados, de caráter transnacional, presente com forte expressão na Europa e em ocupações em praças no Oriente Médio e em Wall Street/Nova York. No Brasil, os indignados chegaram às ruas, com manifestações gigantescas, deixando surpresos autoridades, estudiosos e a própria sociedade civil organizada, até então, em movimentos tidos como "clássicos" — os sindicatos, os sem--terra, os sem-teto etc.

Educação não formal nas manifestações de junho de 2013 no Brasil

Sabe-se que as manifestações de junho de 2013 foram desencadeadas em São Paulo por coletivos organizados com o predomínio do Movimento Passe Livre (MPL), a partir de uma demanda pontual — contra o aumento da tarifa dos transportes coletivos. Segundo o próprio MPL, ele se define como: "um movimento horizontal, autônomo, independente e apartidário, mas não antipartidário". Estima-se que mais de um milhão de pessoas saíram às ruas do país ao longo do mês de junho de 2013. Os grupos que organizaram as convocações *on-line* para as manifestações inspiram-se em variadas fontes, segundo o grupo de pertencimento de cada um. Como rejeitavam lideranças verticalizadas, centralizadoras, não havia hegemonia de apenas uma ideologia, ou uma só utopia que os motivasse.

O movimento expressava uma profunda falta de confiança em toda forma de política e categoria de políticos. Por isso, sua mensagem foi respondida por milhares que se uniram aos manifestantes, indo às ruas. Aspirava-se a outro país, onde a ética e a política andassem juntas. Manifestaram querer uma revolução na forma de operar a política e não uma reforma ou remendo no que existe. Negaram a política da forma como ocorre no plano institucional e isso também é um modo de propor outra coisa. Muitos viram nas manifestações uma revolta anti-institucional. Reivindicaram mudanças na política via atuação diferenciada do Estado no atendimento à sociedade. As "vozes" que ecoaram nas ruas em junho não negavam o Estado, o que expressavam é o desejo de um Estado mais eficiente, menos dependente dos bancos, de multinacionais, empresários etc. Um Estado com pauta social efetiva e não apenas focado nas metas e índices de crescimento e oferta de bens. Clamaram por mais cidadania social. A cidadania vigente no país nos últimos anos melhorou índices de pobreza e promoveu a inclusão social, mas reduziu o cidadão a um consumidor, reduziu a questão dos direitos a uma pauta de consumo. Os manifestantes apresentaram-se como apartidários, mas não antipartidários. Segundo Castells (2013): "São estes movimentos, sociais e não políticos, que realmente mudam a história, pois realizam uma transformação cultural, que está na base de qualquer transformação de poder."

Os manifestantes localizam-se em coletivos (e não exatamente se organizam). Localizam-se porque se identificam com determinas causas ou bandeiras e passam à adesão *on-line*. Unem-se ao coletivo em protestos planejados por meio das redes sociais. Os protestos eram compostos especialmente por jovens, avessos à política e aos políticos da atualidade. Pesquisa do Datafolha realizada em junho de 2013, no auge das manifestações, constatou que, em São Paulo, a maioria dos participantes tinha diploma universitário (77%) e menos de 25 anos (53%). Pesquisa nacional realizada pelo Ibope, no mesmo período, corrobora o perfil anteriormente delineado, a idade predominante foi de 14 a 24 anos (43%). Entre 14 e 29 anos de idade, a soma sobe para 63% do total (Ibope Inteligência, Pesquisa Manifestantes, 20 jun. 2013).

Ou seja, a nova geração de jovens que se organizou e foi às ruas em junho de 2013 não se identifica com as formas organizativas existentes, e está atenta ao modelo de sociedade em que vive: muito consumo, mas qualidade de vida sofrível. Para nós, uma questão central é: por que uma grande massa da população aderiu aos protestos em junho de 2013? Há múltiplas respostas que podem ser resumidas num grande foco — as pessoas aderiram porque se identificaram com os manifestantes da primeira hora. Aderiram porque estavam atentas ao cenário nacional, sentiam-se não representadas ("não nos representam" foram os dizeres de um dos cartazes bastante comum), sem canais de expressão e, nestes momentos, o protesto explodiu. Sentiam-se detentoras de direitos no papel, na lei, mas não na prática (tais como ser bem atendido e na hora em que necessita pelo sistema público de saúde como um cidadão segundo preconiza a lei; ter uma escola com ensino de qualidade etc.). Com as manifestações, esses cidadãos/consumidores constituíram-se como sujeitos de direitos no espaço público como forma de expressar suas exigências e existências.

Não se pode esquecer a capacidade de aprendizagem e resistência dos ativistas. Sabem o que não querem, e buscam definir o que querem nos parâmetros dos valores que acreditam. Os coletivos e as manifestações são grandes laboratórios de experimentação sobre novas formas de operar a política. Predominam nas manifestações representações visuais porque é importante atrair a atenção da grande mídia. Os atos de protestos são também experiências de aprendizagem, há pedagogias de aprendizagens, especialmente sobre auto-organização e construção de saberes, assim como criatividade no desenvolvimento de mídias próprias, nos *blogs* e mensagens. As pedagogias alternativas utilizadas também se recriam, se reinventam porque a conjuntura sociopolítica, econômica, cultural, tecnológica alterou-se. Disso tudo resulta que o novo ativismo dos jovens constitui-se em experimentações políticas, ou seja, ação no espaço público geradora de possibilidades de novos recomeços e novos experimentos políticos (Avritzer, 2006).

Na nossa interpretação, as manifestações são movimentos que construíram significados novos às lutas sociais. Certamente, seus protestos vão além do ativismo digital, que é um meio para um fim — a manifestação propriamente dita. Há múltiplos processos de subjetivação na construção dos sujeitos em ação, o que dificulta prever desdobramentos futuros — os acontecimentos no calor da hora provocam reações que geram novas frentes da ação coletiva. A composição delas é complexa, diversificada, com múltiplos atores, propostas e concepções sobre a política, a sociedade, o governo etc.

Arte e política nos cartazes

Dentre uma seleção de cartazes presentes nas manifestações de rua em junho de 2013, no Brasil, ou em atos de apoio no exterior no mesmo período, a primeira observação é o contraste entre sua forma de expressão — a maioria escrito à mão, em papel rudimentar, com muitos erros de português, denotando a ânsia de levar para as ruas o protesto e a indignação; e o uso das novas tecnologias, avançadas, na convocação dos protestos. A grande maioria dos cartazes não foi confeccionada com faixas, *banners* e outros recursos usuais nos movimentos sociais tradicionais, a exemplo dos sindicatos, lutas pela terra, moradia etc. Os cartazes formavam um mosaico colorido mais típico de uma grande festa, predominando a autoexpressão.

Uma análise apressada das matrizes discursivas que informam as demandas mais usuais presentes nos cartazes poderá ver indícios de nacionalismo, especialmente pelo grande número de bandeiras do Brasil. Mas temos de buscar os sentidos e os significados possíveis das mensagens nos cartazes de protesto de outra forma. O olhar atento indica-nos um misto de revolta, indignação, os jovens demarcando seus espaços de luta, a consciência de processos não éticos na política brasileira, a manipulação das informações pela mídia e a necessidade da participação, do protesto na rua. Para exemplificar, selecionamos os seguintes dizeres: "Vem! Vem pra Rua! Vem!", "O Gigante Acordou", "Não é por 20 centavos", "Passe Livre Já", "Acordamos!", "Desculpe o Transtorno, Estamos Mudando o País", "Nós Somos o Futuro do Brasil", "Sem Violência", "Por uma Vida sem Catracas", "Ou Para a Roubalheira ou Paramos o Brasil", "Pela Democratização da Mídia", "Pela Ética e Justiça Social", "Eles não nos Representam", "O Povo quer Respeito", "Saímos do Facebook" etc.

Fotos dos cartazes das manifestações de junho viraram exposição em espaços culturais. Fotógrafos foram premiados e algumas fotos foram adquiridas por celebridades, como Elton John, que adquiriu uma foto dos Black Blocs em manifestação em junho de 2013, feita pelo fotógrafo Maurício Lima, que compôs a exposição "Uprising in Brazil". As fotos foram publicadas no jornal *The New York Times*. O grupo paulista Matilha Cultural organizou uma mostra com imagens, relatos, cartazes e *memes* da internet, em junho de 2014, para relembrar junho de 2013. A mostra denominou-se "Calar a Boca Nunca Mais". E o Museu de Arte Moderna de São Paulo (MAM), localizado no Ibirapuera, organizou a exposição "Poder Provisório", com 86 obras de seu acervo focando da época da ditadura militar às manifestações de junho de 2013.

No campo da música, os protestos influenciaram diferentes compositores e bandas. Até apoio aos Black Blocs apareceu no grupo Ratos do Porão com a música *Conflito violento*, no disco Século Sinistro.

Os documentários foram o ponto alto na esfera audiovisual e ganharam a cena e holofotes na mídia. Uma busca em novembro de 2014 no YouTube resultou em mais de 30 páginas de vídeos sobre as manifestações de protesto de 2013. Três desses documentários foram lançados e se destacaram: *Junho — o mês que abalou o Brasil*, dos cineastas Fernando Meireles e Beto Brand, realizado com apoio da *Folha de S.Paulo,* teve pré-estreia com a presença de personalidades do mundo artístico/cultural, político e intelectuais da academia. O documentário ficou vários meses em cartaz no circuito de cinema comercial, à disposição para ser acessado via iTunes, teve debate no auditório da *Folha de S. Paulo* e depois passou na tevê, no Canal Brasil. Composto de imagens e depoimentos de analistas acadêmicos, jornalistas, protagonistas das manifestações, como representantes do Movimento Passe Livre etc., o documentário não trouxe o registro da opinião das autoridades do governo. O segundo documentário que teve destaque foi *20 centavos*, de Tiago Tambelli, apresentado no Festival É Tudo Verdade, em abril de 2014, e disponível na internet. O diretor parte do suposto de que a estética do filme vem das ruas e optou pela não análise, especialmente a sociológica. Por isso só contém imagens das ruas, sem entrevistas ou imagens captadas em estúdios. Como não são identificados os personagens que aparecem nas cenas, o filme é pouco didático, pois não forma nenhuma opinião no espectador. É mais um registro e não propriamente um documentário. O terceiro documentário é algo diferente e polêmico. A obra *Não é sobre sapatos*, de Gabriel Mascaro, foi apresentada na 31ª Bienal de São Paulo. Trata-se de um vídeo de 16 minutos em que o foco principal são os pés e os rostos dos personagens, formas de identificação de ativistas pela polícia. Supostamente as imagens teriam sido feitas pela polícia, que negou autoria ou autorização ao pedido do artista para ceder as imagens.

Em junho de 2014, quando as manifestações de 2013 completaram um ano, ocorreu uma série de manifestações culturais e novos protestos estavam nas ruas, ainda que sem a mínima relação com a intensidade de junho de 2013, com o # Não Vai Ter Copa. Nesse mês, em São Paulo, o Sesc Pompeia apresentou um projeto internacional, *Multitude*, com 20 obras produzidas por renomados artistas internacionais, com variadas *performances* ao redor do tema da "multidão". Esse conceito, caro na obra de Antonio Negri, é apropriado pelos artistas como a soma de singularidades, como as pessoas se organizam na sociedade e não como cada um se constrói ou "se vira" para viver na sociedade.

Trata-se de uma grande inversão na ótica do olhar do artista que passa a focar o conjunto, o todo, buscando entender nesse conjunto a singularidade de cada um. Um olhar moderno porque, segundo Kutlug Ataman, um dos artistas com obras na mostra do Sesc: "Juntas, as pessoas se fortalecem, mas também perdem liberdades pessoais. É uma obra sobre economia do pertencimento" (Silas Marti, 'Exposição reflete o conceito de multidão em tempos de revoltas', *Folha de S.Paulo*, 2 jun. 2014, p. E8). As manifestações no Brasil estiveram presentes na mostra "Multitude" no trabalho de Giselle Beiguelman. Usando como filtro nas redes sociais termos conectados a partir do uso de certas "hashtags" (palavra-chave precedida por um símbolo de jogo da velha, a artista captou sete termos: Copa, racismo, homofobia, ocupa, macho, privacidade e terrorismo). Segundo Beiguelman, "dá para construir a narrativa do nosso tempo, com todos os pontos de vista, só olhando os usos que se fazem desses termos" (Guilherme Genestreti, "Artista cria painel de termos do Instagram, *Folha de S.Paulo*, 2 jun. 2014, p. E8).

O teatro também foi palco de peças sobre as manifestações. Pode-se citar *Geração dos vinte centavos*, de Caio Evangelista. Na história, um cantor produz músicas em seu apartamento enquanto as manifestações pipocam nas ruas. Acaba sendo acusado de ser um líder revolucionário, sem nunca ter saído de seu apartamento.

As manifestações nas ruas e praças em junho de 2013 no Brasil introduziram elementos novos — não apenas de ordem tecnológica na organização dos protestos, mas também na composição dos movimentos, e na forma de produzir o protesto no qual as artes entraram em cena. Na composição, há a presença de formas de ativistas internacionais atuando em causas nacionais, a exemplo do grupo Anonymous (em pequena escala) e os Black Blocs, que, embora minoritários numericamente, tiveram presença marcante pelo modo de atuar — com o uso de formas de violência-física/simbólica contra bens que representam o capital internacional (bancos, lojas de carros, redes alimentícias etc.). Essa maneira de atuar e a violência policial repressiva levaram à perda da legitimidade dos atos de protesto e explicam a ausência do caráter de massa das manifestações. Contrastando com estes aspectos negativos nas manifestações, houve aspectos positivos com as inovações na forma de produzir o protesto, criando nova cultura: a da solidariedade e indignação, independentemente de interesses partidários ou de grupos específicos. Alto-falantes, carros de som, faixas partidárias ou de grupos foram substituídos nas marchas por milhares de cartazes. A arte de fazer política renovou-se com o auxílio da própria arte, que utilizou diferentes linguagens para fixar a memória e desenvolver o aprendizado dos saberes desenvolvidos, especialmente em espaços e meios culturais. Estes aspectos positivos foram ensinamentos, aprendizagens e respostas culturais, silenciosas, que contrastaram com a violência presente em alguns dos atos. Saberes sobre protestos como exercício de direitos foram gerados, neste processo de educação não formal. Como memória, esses saberes deveriam sempre ser lembrados e trabalhados por aqueles que almejam projetos de mudança e transformação social por vias democráticas, com justiça social.

Concluímos relembrando as lições de Melucci (1996): um movimento social é fruto de uma construção social e não algo dado *a priori*, fruto apenas de contradições. Importa mais a forma do que a presença de atores políticos nas ruas.

> Movimentos são um sinal; eles não são meramente o resultado de uma crise. Assinalam uma profunda transformação na lógica e no processo que guiam as sociedades complexas. Como os profetas, eles falam antes: anunciam o que está tomando forma mesmo antes de sua direção e conteúdo tornarem-se claros. Os movimentos contemporâneos são os profetas do presente (Melucci, 1996, p. 1).

Acrescentamos: as manifestações de junho de 2013 demarcaram uma nova etapa nas lutas sociais no país, e as artes e a cultura foram componentes fundamentais nos atos produzidos. Linguagens artísticas viabilizaram vozes e ecos posteriores das profecias anunciadas. Conhecer e entender um pouco mais sobre estas linguagens é a proposta dos próximos capítulos deste livro.

Referências

ALI, Tariq et al. *Occupy*: movimentos de protestos que tomaram as ruas. São Paulo: Boitempo, 2012.

AVRITZER, Leonardo. Ação, fundação e autoridade em Hannah Arendt. *Lua Nova*, São Paulo, n. 68, p. 147-67, 2006.

CASTELLS, Manuel. *Redes de indignação e esperança.* Rio de Janeiro: Zahar, 2013.

DATAFOLHA. Instituto de Pesquisa, *Folha de S.Paulo.* "Protestos sobre o aumento da tarifa dos transportes I e II" (13 jun. 2013 e 18 jun. 2013); "Opinião sobre as manifestações" (21 jun. 2013).

DELLA PORTA, Donatella; TARROW, Sidney (Org.). *Transnational protest and global activism.* London: Rowman & Littlefield, 2005.

GOHN, Maria da Glória. *Manifestações de junho de 2013 no Brasil e as praças dos indignados no mundo.* Petrópolis: Vozes, 2014.

_____. *Sociologia dos movimentos sociais.* 2. ed. São Paulo: Cortez, 2014.

_____. *Teorias dos movimentos sociais*: paradigmas clássicos e contemporâneos. 10. ed. São Paulo: Loyola, 2012.

_____. *Movimentos sociais e redes de mobilizações civis no Brasil contemporâneo.* 7. ed. Petrópolis: Vozes, 2013.

_____. *Movimentos sociais e educação.* 8. ed. São Paulo: Cortez, 2012.

_____. *História dos movimentos e lutas sociais.* 8. ed. São Paulo: Loyola, 2013.

HESSEL, Stéphane. *Indignai-vos!* 3. ed. Lisboa: Objectiva, 2011.

HOLSTON, John. *Cidadania insurgente.* São Paulo: Companhia das Letras, 2013.

HONNETH, Axel. *Luta por reconhecimento. A gramática moral dos conflitos sociais.* São Paulo: Editora 34, 2003.

IBOPE INTELIGÊNCIA. *Pesquisa Manifestantes*, 20 jun. 2013.

MELUCCI, Alberto. *Challenging codes.* Cambridge: Cambridge University Press, 1996.

MOORE JR, Barrington. *Injustiça*: as bases sociais da obediência e da revolta. São Paulo: Brasiliense, 1987.

ROSENMANN, M. R. *Los indignados*: el resgate de la política. Madri: Akal, 2012.

SADER, Eder. *Quando novos personagens entraram em cena*. Rio de Janeiro: Paz e Terra, 1988.

TARROW, S. *New transnational activism*. Cambridge: Cambridge University Press, 2005.

2

Teatro e cidadania: relações históricas e contribuições educacionais

Talitha Cardoso Hansted*

Cai a noite. Dezenas de alunos reúnem-se no pátio da escola. Estão ansiosos e apreensivos. Posicionam-se em círculo. Alguns tomam a palavra. Agradecem, incentivam, encorajam. Todos se emocionam. Silenciam. Dão-se as mãos. Repetem, então, seguindo a professora: "Eu seguro minha mão na sua, para que tudo aquilo que eu não posso e não quero fazer sozinho, possamos fazer todos juntos!" As palavras são proferidas com seriedade e entusiasmo. Concentração. Adrenalina. Continuam todos ansiosos e apreensivos. Porém, preparados agora. Abraçam-se. Deixam o pátio. Cada qual toma seu lugar. Abrem-se as cortinas.

---

* Universidade Estadual de Campinas — Unicamp. *E-mail*: < talithacardoso@yahoo.com.br >.

A cena descrita repete-se todos os anos, com variadas turmas de estudantes, em uma escola de Ensino Básico da cidade de Campinas (SP).[1] Ela ocorre sempre minutos antes de as turmas de teatro realizarem suas apresentações no auditório da instituição. Trata-se de uma espécie de ritual preliminar coletivo, que favorece a concentração e o sentimento de pertencimento. A frase proferida em uníssono (conhecida nos meios teatrais como "oração do teatro"), de certa forma, sintetiza o cerne deste capítulo: a relação entre valores ligados à cidadania e o fazer teatral. Ao se posicionar em círculo, de mãos dadas com colegas, e dizer "eu seguro minha mão na sua", cada estudante coloca-se em posição de *igualdade* com os demais; ao afirmar "tudo aquilo que eu não posso [...] fazer sozinho, possamos fazer todos juntos", o aluno ratifica o valor da *participação* de todos no processo; e ao acrescentar "e não quero fazer sozinho", o indivíduo exprime sua *liberdade* de escolha e a opção por estar ali.

Igualdade, participação e liberdade são os valores destacados por Carvalho (2010) na exposição daquilo que, em seu entendimento, seria o ideal de cidadania. O autor aborda a cidadania como um fenômeno complexo, histórico e de definição não estanque. O conceito de cidadania com o qual o estudioso trabalha diz respeito a uma combinação entre os três valores destacados. O autor pondera que essa combinação, ainda que talvez inalcançável de maneira plena, tem servido de parâmetro para que se avalie a qualidade da cidadania em diferentes países e momentos históricos.

---

1. A referida escola é o Instituto Educacional Imaculada, instituição estudada em *Teatro, educação e cidadania*: estudo em uma escola do ensino básico, dissertação de mestrado da autora deste capítulo.

Este capítulo toma como referência a visão sobre cidadania apontada por Carvalho (2010), abarcando liberdade, igualdade e participação sob a expressão "valores cidadãos". Como se verá no transcorrer do texto, são muitas as relações que se podem estabelecer entre os valores citados e a prática teatral, tanto do ponto de vista da história do teatro quanto no contexto de práticas educacionais. Para que tais relações sejam explicitadas, estabeleceremos, a princípio, pontos de contato entre teatro e cidadania ao longo da história. Em seguida, exploraremos o contexto educacional, destacando o caráter potencialmente emancipador da atividade teatral. Por fim, teceremos algumas considerações sobre as similaridades entre processos teatrais desenvolvidos em ambientes escolares e o campo da educação não formal, tendo como foco a formação do cidadão.

Contexto histórico

A primeira relação que se pode estabelecer entre teatro e cidadania reside naquela que constitui a própria essência do teatro: a coletividade. Tanto na dimensão do fazer teatral (aqui compreendido como ofício de todos os profissionais que participam diretamente da criação e encenação de um espetáculo), quanto na relação entre atores e espectadores, a presença do outro — ou, para utilizar um dos termos relevantes neste texto, a *participação* — é condição fundamental para que o fenômeno teatral aconteça. Como lembra Ledubino (2009), fazendo referência a uma afirmação comum no meio teatral, mesmo para a realização de um monólogo, usualmente é necessária a participação de uma equipe; e ainda que um espetáculo seja totalmente concebido e executado por uma mesma pessoa, há de se considerar que, ao final do processo, a obra será apresentada a um público.

Falar em teatro seria, portanto, em última análise, falar em relação. Relação que se pode estabelecer "entre autor, encenador, ator e todos os outros membros da equipe de realização; entre as personagens e, de maneira global, entre o espetáculo e o público" (Pavis, 1999, p. 337). Esta última relação — entre palco e plateia — é considerada, por diversos autores, como a própria essência do teatro. Spolin (2000, p. 11), por exemplo, coloca que "sem a plateia não há teatro. [...] Ela dá significado ao espetáculo". Para Bertold Brecht, "a verdadeira relação de ordem política, ideológica e social do teatro é conseguir estabelecer o diálogo entre o espetáculo e a plateia" (Peixoto, 1998, p. 9).

Justamente por ser o teatro uma relação, da qual participam atores e espectadores, essa forma de arte sempre esteve ligada à vida em sociedade. Portanto, diferentes momentos históricos podem ser considerados para explicitar vínculos entre teatro e cidadania. Neste contexto, podemos mencionar a sociedade grega, tida como berço da democracia e também do teatro, conforme tradicionalmente o conhecemos no mundo ocidental. O teatro, à época, era uma verdadeira experiência coletiva. O cidadão grego tinha o costume de participar efusivamente das apresentações a que assistia, manifestando aprovação com ruidosas palmas e desagrado com assobios e batidas de pés. Essa liberdade de expressar a própria opinião era bastante importante para o espectador grego:

A liberdade de expressar sua opinião foi algo de que o antigo frequentador de teatro fez uso amplo e irrestrito, considerando a si próprio, desde o mais remoto início, um dos elementos criativos do teatro (Berthold, 2006, p. 114).

Os festivais de teatro da Grécia antiga, conhecidos como *Dionisíacas*, atraíam milhares de pessoas. Os governos da maioria das *pólis* entendiam essa arte como ferramenta de educação de␣seu povo e estimulavam, inclusive financeiramente, os cidadãos a frequentar o teatro. Muitas das peças gregas que chegaram até nós, especialmente as comédias, tratam de temas políticos e fazem menção explícita a governantes da época. É o caso, por exemplo, de *As vespas* (422 a.C.) e *As rãs* (405 a.C.), ambas de Aristófanes (448 a.C.-380 a.C.): na primeira, o autor posiciona-se contra a organização dos tribunais de Atenas; na segunda, explora as tensões políticas e os conflitos internos existentes na *pólis* no final do século V.

Outro exemplo histórico que evidencia a ligação do teatro a questões relativas à cidadania é o teatro shakespeariano. Barbara Heliodora, conceituada especialista na obra de William Shakespeare, dedica um capítulo inteiro de seu livro *Reflexões shakespearianas* (2004) à analise do tema. O capítulo intitula-se "A lei e a cidadania em Shakespeare". Nele, a autora analisa diversas obras do dramaturgo do ponto de vista da cidadania e enumera a quantidade de vezes que palavras como "justiça", "lei", "governo", "comunidade" e "dever" são encontradas nas peças de Shakespeare, demonstrando que o autor, constantemente, se voltava para tais assuntos. Heliodora (2004, p. 241) destaca que o dramaturgo, desde suas primeiras peças até a última delas, revela um significativo interesse "quanto ao bom governo e à relação entre governantes e governados, que se expressam, necessariamente, por meio do respeito à lei e à responsabilidade da cidadania, muito embora este último termo, como tal, não fosse ainda corrente".

Assim como na Grécia antiga e na produção shakespeariana, em tempos mais recentes a situação política continua a ser enfocada pelo teatro. No século XX, diferentes contextos políticos e socioeconômicos, no Brasil e no mundo, fizeram despontar teatros concebidos e encenados tendo como principal objetivo a denúncia de situações de injustiça social, opressão e arbitrariedade de poder. É o caso, por exemplo, do "teatro épico", de Bertold Brecht,[2] e também do "teatro do oprimido", de Augusto Boal.[3]

Desgranges (2011) destaca que o período compreendido entre o final dos anos 1950 e o início da década de 1970 foi marcado por uma forte efervescência social em todo o mundo e que essa agitação foi acompanhada por um intenso movimento artístico-teatral. Diversos grupos teatrais que surgiram à época tinham o intuito de fazer da arte dramática um verdadeiro instrumento revolucionário, não apenas denunciando ao espectador as mais diversas injustiças, mas provocando-o a agir. Também é característica dos movimentos teatrais surgidos naquele momento histórico a preocupação com a "democratização da produção cultural,

---

2. Bertold Brecht (1898-1956): dramaturgo alemão que utilizava o teatro como instrumento de luta política contra as contradições econômicas e sociais da sociedade burguesa.

3. Augusto Boal (1931-2009): dramaturgo e diretor teatral brasileiro, que pretendia conscientizar politicamente o público, transformando a visão sobre as relações tradicionais de produção material nas sociedades capitalistas.

possibilitando o acesso à arte das populações periféricas geograficamente ou marginalizadas economicamente" (Desgranges, 2011, p. 55). Como se nota, o período em questão foi marcado por um forte movimento do teatro no sentido de fazer valer os três valores cidadãos: *participação*, que do ponto de vista da relação palco-plateia era perseguida de maneira contundente; *igualdade* e *liberdade*, como causas pelas quais, em contextos diversos, muitos grupos teatrais se manifestavam.

Mas não apenas no âmbito das relações entre atores e espectadores e nas temáticas de apresentações podem-se entrever ligações entre teatro e cidadania. As relações estabelecidas entre os próprios membros de um mesmo grupo teatral também podem ser analisadas sob esse enfoque. Na contemporaneidade, são muitas as companhias teatrais cujos trabalhos se fundamentam em princípios democráticos, com funções não hierarquizadas e processos criativos que primam pela cooperação entre os membros da equipe. No Brasil, esses processos têm sido chamados de "processos colaborativos". Tendência em muitos grupos de teatro nacionais a partir da década de 1990, o processo colaborativo seria um desdobramento do processo de criação coletiva, que marcou a produção teatral de muitos grupos nos anos 1970. No processo colaborativo, o dramaturgo é o responsável pela elaboração do texto, o diretor pela proposta de cena e os atores pelo desenvolvimento de seus papéis (funções que se fundiam nos processos de criação coletiva, em que todos eram responsáveis por tudo); no entanto, os parâmetros que delimitam esses campos não são rígidos e existe uma relação de complementaridade na criação da dramaturgia e das cenas.

A colaboração como tônica do trabalho criativo de companhias teatrais na contemporaneidade não é característica apenas de grupos brasileiros. Companhias estrangeiras, tais como a britânica Out of Joint e a francesa Théâtre des Bouffes Du Nord, utilizam-se da expressão *collaborative work* para se referir aos seus processos de criação (Fischer, 2010). Reconhecemos que esses processos são distintos daqueles desenvolvidos em território nacional e que mesmo entre os grupos brasileiros de processo colaborativo existem diferenças na condução dos trabalhos. Entretanto, não nos compete, aqui, estabelecer comparações entre as peculiaridades de cada processo criativo. Queremos tão somente voltar o olhar para a questão da *colaboração* entre os membros de um mesmo grupo teatral. Colaboração, esta, que é tida por Michael Boyd, diretor artístico da Royal Shakespeare Company, como a quintessência da arte teatral (Neelands, 2009).

Os valores cidadãos que destacamos neste texto estão profundamente ligados a essa qualidade de colaboração. *Grosso modo*, para que um grupo se constitua como tal, espera-se que todos os seus integrantes *participem* dele de maneira engajada, que as relações entre eles estabelecidas sejam *igualitárias* e que todos se sintam *livres* para expressar suas ideias e opiniões.

No contexto teatral, os termos "igualdade" e "liberdade", particularmente, podem causar certa controvérsia. Evidentemente, nem todos os processos teatrais abrem espaço para a liberdade de expressão e para a igualdade de relações entre os membros de uma equipe. A figura do diretor, em processos de montagem não colaborativos, pode se apresentar como centralizadora nas tomadas de decisões relativas à produção de um espetáculo. Por outro lado, não se pode deixar de mencionar que mesmo em processos em que o diretor é o mentor do projeto estético, muitas vezes existe diálogo democrático entre ele e os demais artistas e técnicos envolvidos no trabalho (Ledubino, 2009). Pode-se considerar também que até mesmo nos casos em que a direção é autoritária, impossibilitando o estabelecimento dessa qualidade de diálogo, o aspecto da colaboração, conquanto em menor escala, continua presente: ainda que o ator contribua apenas com a criação de seu papel, pode-se entrever aí sua colaboração para a construção de um espetáculo. Concordamos, pois, com Ledubino (2009, p. 1), quando coloca que "o Teatro é, por excelência, uma arte coletiva que tem na colaboração entre seus membros um pressuposto irrefutável para sua realização".

E se a colaboração é pressuposto do fazer teatral, a tríade *liberdade*, *igualdade* e *participação* também o é: participação é fundamento do trabalho em conjunto, e liberdade e igualdade, apesar de questionáveis em determinados contextos, são valores esperados de grupos que se reconhecem como coletivos. Muitas das práticas teatrais voltadas para fins educacionais, como se verá a seguir, pautam-se por esses valores. Aliás, processos teatrais desenvolvidos em contextos educativos, na contemporaneidade, são muitas vezes análogos aos de grupos profissionais, no que tange à colaboração entre os membros da equipe. Logo, pode-se considerar que se para o teatro profissional, como dito anteriormente, a relação mais importante reside naquela que se estabelece entre plateia e atores, para o teatro com finalidades educacionais a relação mais significativa, no sentido de contribuir para o desenvolvimento de valores ligados à cidadania, pode ser entendida como aquela que se estabelece entre os próprios participantes de grupos teatrais.

Contexto educacional

A análise das relações entre teatro e cidadania em contextos educacionais também requer que se considere o caráter coletivo e colaborativo dessa arte. De acordo com Gohn (2010, p. 19), "a construção de relações sociais baseadas em princípios de igualdade e justiça social, quando presentes num dado grupo social, fortalece o exercício da cidadania". Ora, grupos teatrais que promovem a colaboração entre seus membros favorecem a construção de relações sociais que se baseiam em tais princípios.

> Ao participar de atividades teatrais, o indivíduo tem a oportunidade de se desenvolver dentro de um determinado grupo social de maneira responsável, legitimando os seus direitos dentro desse contexto, estabelecendo relações entre o individual e o coletivo, aprendendo a ouvir, a acolher e a ordenar opiniões, respeitando as diferentes manifestações, com a finalidade de organizar a expressão de um grupo (Brasil, 1997, p. 57).

Esse desenvolvimento em um grupo social, promovido pelo exercício da convivência democrática, aproxima-se daquilo que Benevides (1996) chama de "educação do comportamento", um dos elementos indispensáveis, segundo a autora, para uma educação voltada à democracia. A educação do comportamento, de acordo com a autora, engloba o aprendizado da cooperação ativa, o desenvolvimento de hábitos de tolerância frente ao divergente e a subordinação do interesse pessoal ao bem comum. Poderia então o teatro, em contextos educacionais, configurar-se como um exemplo prático de atividade que ajuda a educar o comportamento?

Para evitar generalizações indevidas, consideremos aqui apenas aqueles processos de trabalho cujos períodos de duração e formas de condução do processo sejam favoráveis à criação de laços de pertencimento ao grupo formado pelos participantes das atividades; ou seja, os trabalhos que favorecem a constituição de um grupo social. Nesses casos, de modo geral, quando um indivíduo torna-se integrante de um grupo teatral, ele passa a fazer parte do que podemos considerar como uma "pequena comunidade", cujo sucesso dependerá fortemente do esforço coletivo. Se alguém não comparece, por exemplo, a um ensaio, ou não estuda suas falas adequadamente, o grupo como um todo fica prejudicado e impossibilitado de trabalhar de forma plena. O aluno de teatro logo compreende que seu desempenho individual está diretamente ligado ao comprometimento de todos com relação ao trabalho. Aprende que ele é parte fundamental de um grupo, e que, como tal, deve assumir postura ativa e responsabilizar-se pelo bem coletivo. Entende que a vida em sociedade pressupõe direitos e deveres, e que tanto uns como outros devem aplicar-se a todos os integrantes do grupo, indistintamente. Percebe que pode haver diferentes pontos de vista sobre uma mesma questão e que é possível — e preciso — conviver com essa diversidade. Dessa forma, abre-se a possibilidade de educar para a assunção de responsabilidades e para o estabelecimento de relações de igualdade, respeito, solidariedade e justiça entre os estudantes. Em outras palavras, abre-se a possibilidade de fazer com que o aluno exercite e compreenda a importância dos aspectos levantados por Benevides (1996) e destacados no parágrafo anterior, como essenciais para a educação do comportamento: a tolerância frente ao divergente, a cooperação ativa e a subordinação de interesses pessoais aos objetivos coletivos.

Como mencionado, tais aspectos são, para a referida autora, importantes do ponto de vista de uma educação para a democracia. Os Parâmetros Curriculares Nacionais apontam na mesma direção quando destacam que as propostas educacionais em teatro devem compreender a atividade como "um exercício de convivência democrática" (Brasil, 1997, p. 57). Nesse sentido, cabe aqui mais uma questão: poderia o teatro, em contextos educacionais, contribuir não apenas para o desenvolvimento pessoal do estudante, mas também para a construção de uma sociedade mais democrática?

Autores como Viganó (2006) e Neelands (2009) entendem que sim. Viganó considera o teatro na educação como um meio capaz de contribuir para construção de uma sociedade efetivamente democrática, na medida em que proporciona a experiência estética, desenvolve o senso de coletividade e trabalha a capacidade de dialogar — aspectos que capacitam o indivíduo a fazer escolhas e a produzir discursos críticos sobre a realidade, que podem ser levados ao debate no espaço público. Neelands, por sua vez, afirma que o teatro tem o potencial de extrapolar as barreiras do trabalho realizado no grupo teatral, promovendo melhoras nas relações sociais estabelecidas em toda a comunidade escolar e também na sociedade à sua volta. Para o autor, o trabalho em grupo tem papel fundamental nesse processo:

> Ao trabalhar em conjunto, [...] os jovens têm a oportunidade de enfrentar as demandas de se tornar um grupo social autogestor, autogovernante e autorregulador, que "cocria" artística e socialmente, e de começar a modelar esses ideais da *polis* ateniense (*autonomous, autodikos, autoteles*) para além de suas salas de aula (Neelands, 2009, p. 182).

A ideia de que o trabalho com teatro pode contribuir para uma melhora na vida dos estudantes, que extrapola os limites das salas de aula, auxiliando na construção de uma sociedade democrática, pode ser comprovada por meio de relatos de experiências teatrais desenvolvidas em contextos educacionais em diferentes partes do mundo. Algumas dessas iniciativas indicam que o teatro costuma apresentar eficiente potencial para a inclusão social, agindo como catalisador no processo de emancipação. Neste contexto, podemos citar o Children's Voice, um projeto em educação teatral voltado para a cidadania, desenvolvido em países asiáticos entre 2004 e 2009. O projeto buscava ampliar o espaço de atividades teatrais dentro de escolas e, por meio desse trabalho, melhorar a vida das crianças por ele contempladas e de suas respectivas comunidades. O trabalho teve como foco a democracia, a participação popular, os direitos das crianças, a igualdade de gênero e o meio ambiente, bem como o trabalho a partir da perspectiva de pessoas menos favorecidas. Os resultados do projeto apontaram para a verificação de mudanças significativas no comportamento das crianças atingidas, que se tornaram mais confiantes e capazes de expressar suas próprias opiniões (Nygren, 2009).

A capacidade de elaborar e emitir opiniões próprias é também destacada por Viganó (2006) como uma das mais importantes contribuições do teatro em contextos educacionais. A autora desenvolveu um trabalho teatral com crianças e adolescentes moradores de comunidades carentes na cidade de São Paulo ao longo do ano de 2003. Baseada nessa experiência, ela pondera que o exercício da imaginação que o teatro proporciona é fundamental para que se consiga fugir da massificação de opiniões. Ao possibilitar a liberdade criativa e abrir espaço ao debate, a atividade teatral "permite a construção de mentes mais livres e de cidadãos mais esclarecidos e ativos" (Viganó, 2006, p. 36). Afinal, quando o indivíduo elabora e emite seus próprios discursos sobre a realidade, pode questioná-la e reinventá-la, tornando-se protagonista de sua própria história. Trata-se de um processo de emancipação, que o caráter coletivo das atividades teatrais, quando associado a um ambiente de liberdade de expressão, pode ajudar a promover.

Esse caráter potencialmente emancipador do teatro está evidentemente ligado à conquista da autonomia e à formação para a cidadania. Para Gohn (2010, p. 41), o cidadão emancipado deve ter "autonomia do pensar e do fazer". A autonomia é destacada pela autora como instrumento de formação do cidadão capaz de ter um entendimento crítico da sociedade globalizada; um cidadão que é capaz de ler o mundo que o rodeia, para além dos problemas locais; um cidadão, enfim, capaz de ser e de agir no mundo. Dessa forma, a autonomia se configura como fundamental à construção de "uma sociedade onde haja mudanças e emancipação sociopolítica e cultural dos indivíduos e não a formação de redes de clientes usuários, não emancipatórias" (Gohn, 2010, p. 41).

Desgranges (2011), Pupo (2011) e Souza (2005) concordam com ideia de que o teatro, na educação, pode contribuir com o processo de emancipação dos indivíduos. Esses autores destacam que na sociedade contemporânea, em que a sensibilidade e a percepção dos indivíduos estão condicionadas à massificação imposta pelos meios de comunicação, o ensino de teatro deve ter como uma das principais metas a formação da consciência crítica do estudante. Para Souza (2005), a arte proporciona a possibilidade de lançar novos olhares sobre um mesmo mundo ou de construir diferentes mundos em uma mesma obra de arte. Essa capacidade de lançar olhares distintos sobre a realidade e construir novas realidades é compreendida pelos três autores mencionados como fundamental para que se subverta a barbárie instalada na sociedade contemporânea, em que a estetização de tudo o que nos cerca tende a aniquilar nossa capacidade crítica.

Em consonância com esses estudiosos, entendemos que o fazer artístico abre espaço para pensar e questionar a realidade, as pessoas, as relações e o mundo sob a vertente da sensibilidade e da imaginação; possibilita, ainda, reorganizar essa reflexão e expressá-la a partir de uma linguagem estética específica, que une o concreto e o simbólico, e que extrapola as formas de comunicação cotidianas. É justamente esse modo crítico/reflexivo que torna a atividade teatral propensa à instauração de processos emancipatórios e à consequente conquista da autonomia. Compreendemos, portanto, que o exercício da cidadania, em ambientes educacionais, é inerente a processos que se pautam pela exploração do teatro como linguagem artística.

Formalidade e não formalidade

Quando se analisam as relações entre cidadania e teatro em contextos educacionais, vale observar que atividades teatrais desenvolvidas em escolas muitas vezes articulam dimensões da educação formal escolar, prevista na Lei de Diretrizes e Bases da Educação Nacional (LDB) de 1996, com aspectos importantes da educação não formal. Consideramos relevante destacar essas similaridades porque elas recaem justamente no tema de nosso interesse: o desenvolvimento de valores cidadãos.

Gohn (2010, p. 33) esclarece que a educação não formal usualmente acontece fora dos muros das escolas, e a caracteriza como "um processo sociopolítico, cultural e pedagógico de formação para a cidadania, entendendo o político como a formação do indivíduo para interagir com o outro em sociedade". O primeiro aspecto levantado pela autora (localização externa aos muros das instituições escolares), evidentemente, não se aplica a atividades teatrais desenvolvidas em escolas; mas sua definição como educação para o coletivo com vista à formação para a cidadania está em consonância com as características de processos teatrais que se desenvolvem em muitas instituições formais de ensino. Gohn (2010) destaca que a formação para a cidadania à qual se presta a educação não formal incorpora: a educação para a justiça social, para os direitos, para a liberdade, para a igualdade, para a democracia, para o exercício da cultura e para a manifestação de diferenças culturais. Como se nota, são todos campos em que o teatro tem o potencial de atuar, conforme atestam as colocações e os exemplos citados neste capítulo.

Também podem ser apontadas muitas similaridades entre os resultados esperados de processos de educação não formal e aqueles que podem advir de atividades teatrais desenvolvidas em contextos escolares, tais como: o desenvolvimento de laços de pertencimento, a construção da identidade coletiva de um grupo, a conscientização de como agir em grupos sociais, a construção e reconstrução de concepções de mundo, a formação do indivíduo para a vida e suas adversidades e o resgate do sentimento de valorização de si mesmo.

Ademais, vale lembrar que não raro o teatro é oferecido em escolas como atividade extracurricular, para a qual apenas os alunos interessados na atividade se inscrevem. A adesão voluntária a um projeto que contém uma intencionalidade também é destacada por Gohn (2010) como característica usual da educação não formal. Trilla (2008), inclusive, considera como não formais as atividades extracurriculares desenvolvidas em escolas. Na verdade, o autor rechaça uma suposta cisão entre as educações formal e não formal, de modo a defender a permeabilidade e a coordenação entre as ações e as experiências vivenciadas em ambas as esferas. Para o estudioso, as melhores propostas educacionais são aquelas em que há a intenção de "fazer todas as pontes possíveis entre as diferentes educações [...], de torná-las permeáveis ao máximo" (Trilla, 2008, p. 51). De modo análogo, Gohn (2010, p. 41) defende a complementaridade entre as educações formal e não formal, e coloca que esta última "pode e deveria atuar em conjunto com a escola".

Compreendemos, portanto, que atividades teatrais desenvolvidas em escolas articulam a dimensão espacial da educação formal com aspectos relativos a características, métodos e objetivos da educação não formal. Mais do que enquadrar o teatro escolar nesta ou naquela definição, interessa-nos, aqui, salientar que muitas das características da educação não formal estão presentes em processos teatrais desenvolvidos em escolas e que, portanto, tais processos podem contribuir de forma efetiva para a formação cidadã de seus alunos. Afinal, se a educação não formal configura-se como "um espaço concreto para a formação com aprendizagem de saberes para a vida em coletivos, para a cidadania" (Gohn, 2010, p. 40), processos teatrais que carregam muitas de suas principais características podem apresentar o mesmo resultado.

Gohn (2010) aponta para uma visão mais ampla de Educação, que alarga os domínios desta para além dos muros escolares e que resgata valores essenciais há tempos já esquecidos pela humanidade como, por exemplo, o de civilidade, em oposição à barbárie, ao egoísmo, ao individualismo. A educação não formal trabalha por esse viés e o teatro educacional, ocorra ele dentro ou fora dos limites da instituição escolar, muitas vezes se aproxima dessa concepção.

Referências

BARCELLOS, Helena. *Além do círculo de giz*: drama — educação. Brasília: Musimed, 1995.

BENEVIDES, Maria Victoria de Mesquita. *A cidadania ativa*: referendo, plebiscito e iniciativa popular. São Paulo: Ática, 1991.

_____. Educação para a democracia. *Lua Nova*, São Paulo, n. 38, 1996. Disponível em: <http://www.scielo.br/scielo.php?pid=S0102-64451996000200011&script=sci_arttext>. Acesso em: 8 set. 2013.

BERTHOLD, Margot. *História mundial do teatro*. 3. ed. Tradução de Maria Paula Zurawski, J. Guinsburg, Sérgio Coelho e Clóvis Garcia. São Paulo: Perspectiva, 2006.

BRASIL. *Parâmetros curriculares nacionais*. Brasília: MEC/SEF, 1997.

CARVALHO, José Murilo de. *Cidadania no Brasil*: o longo caminho. 13. ed. Rio de Janeiro: Civilização Brasileira, 2010.

DESGRANGES, Flávio. *Pedagogia do teatro*: provocação e dialogismo. 3. ed. São Paulo: Hucitec/Edições Mandacaru, 2011.

FISCHER, Stela. *Processo colaborativo e experiências de companhias teatrais brasileiras*. São Paulo: Hucitec, 2010.

GOHN, Maria da Glória Marcondes. *Educação não formal e o educador social*: atuação no desenvolvimento de projetos sociais. São Paulo: Cortez, 2010.

_____. *História dos movimentos e lutas sociais*: a construção da cidadania dos brasileiros. 7. ed. São Paulo: Loyola, 2012.

HELIODORA, Barbara. *Reflexões shakespearianas*. Rio de Janeiro: Lacerda, 2004.

LEDUBINO, Adilson Doniseti. *O processo colaborativo na formação do ator*. Dissertação (Mestrado em Educação) — Universidade Estadual de Campinas, Campinas, 2009.

LEV-ALADGEM, Shulamit. Between home and homeland: facilitating theatre with Ethiopian youth. *Research in Drama Education*, The Journal of Applied Theatre and Performance, v. 13, n. 3, p. 275-93, 2008.

NEELANDS, Jonothan. Acting together: ensemble as a democratic process in art and life. *Research in Drama Education*, The Journal of Applied Theatre and Performance, v. 14, n. 2, p. 173-89, 2009.

NYGREN, Christina (Org.). *Theatre for development*: experiences from an international theatre Project in Asia, Children's Voice. Stockholm: Svensk Teaterunion, Swedish Centre of the ITI, 2009.

PAVIS, Patrice. *Dicionário de teatro*. Tradução de J. Guinsburg e Maria Lúcia Pereira. São Paulo: Perspectiva, 1999.

PEIXOTO, Fernando. A atualidade de Bertolt Brecht. *História & Perspectivas*, Uberlândia, n. 18/19, p. 9-41, 1998.

PUPO, Maria Lúcia de Souza Barros. Abraçar e ser abraçado. In: DESGRANGES, Flávio. *Pedagogia do teatro*: provocação e dialogismo. 3. ed. São Paulo: Hucitec, 2011.

SOUZA, Maria Aparecida de. *Teatro-educação e os processos de indistinção estética na pós-modernidade*: uma reflexão sobre "Improvisação para o Teatro" de Viola Spolin. Dissertação (Mestrado em Teatro) — Universidade do Estado de Santa Catarina, Florianópolis, 2005.

SPOLIN, Viola. *Improvisação para o teatro*. 4. ed. Tradução de Ingrid Dormien Koudela e Eduardo Amos. São Paulo: Perspectiva, 2000.

TRILLA, Jaume. A educação não formal. In: ARANTES, Valéria Amorim (Org.). *Educação formal e não formal*: pontos e contrapontos. São Paulo: Summus, 2008.

VIANNA, Tiche; STRAZZACAPPA, Márcia. Teatro na educação: reinventando mundos. In: FERREIRA, Sueli (Org.). *O ensino das artes*: construindo caminhos. Campinas: Papirus, 2001.

VIGANÓ, Suzana Schmidt. *As regras do jogo*: a ação sociocultural e teatro e o ideal democrático. São Paulo: Hucitec/Edições Mandacaru, 2006.

3

A educação pela arte: o papel social desempenhado na formação do jovem

Maria Cecília do Amaral Campos de Barros Santiago

> *A arte é a única porção da linguagem universalmente compreendida por toda a nossa espécie.*
>
> (Comte apud Bastide, 1979, p. 184)

Os referenciais teóricos presentes neste capítulo apontam para o papel que a arte desempenha na formação de jovens. Esse *corpus* constitui-se como subsídio para as reflexões desencadeadas no processo de construção de significados que o estudo com arte engendra. Nesse caso, ele é vetor para reflexões acerca de panoramas sociais e educacionais que se desejam perscrutar no contexto das entidades do Terceiro Setor.

Educação pela arte

Para enfrentar os desafios de oferecer possibilidades reais de reconstrução de projeto de vida e de formação de valores, as entidades do Terceiro Setor encontram na linguagem da arte uma ferramenta capaz de instigar a transformação do olhar dos jovens, com força de interferir positivamente tanto no plano da autoestima como no da constituição da própria imagem, estimulando-os a buscarem oportunidades, como pessoas e como cidadãos.

A importância da arte no processo educativo passou a ser discutida no século XX, a partir do momento em que as narrativas teóricas se libertaram de cânones mais rígidos. Os artistas deixaram os modelos preestabelecidos e evidenciaram a imaginação e a expressão individual no processo de criação. A arte saiu da esfera do belo e adquiriu uma nova dimensão: a da expressão e da determinação pessoal, em uma atitude de procurar ver não só a técnica, mas também o que forma a fala do artista. Assim, a obra de arte passou a ser percebida não apenas de maneira linear na contextualização da história da arte, tampouco com o rigor da técnica, mas como linguagem que difere de tempos em tempos e de lugar para lugar, com emoções, formas de expressões diferentes, mas não isoladas. Essa nova concepção no olhar para a obra de arte, enfatiza Barbosa (2005a), tem como enfoque a construção da história a partir do exame da obra, para que sejam estabelecidas as conexões e as relações entre uma obra e outra e também com outras manifestações culturais.

A arte é o atributo estrutural de toda a construção humana. O educador, ao utilizar-se de suas linguagens, ensina os jovens a lidar com as diferenças entre si, indicando atitudes de solidariedade e generosidade para com o outro. Esse olhar que vê o outro, que restitui o diálogo, a partilha de valores, permite a fruição não só dos momentos estéticos como também de um sentimento de amadurecimento em suas relações interpessoais. É essa a síntese que as teorias aqui elencadas se propõem a iluminar, tendo como referência as práticas educativas nas entidades abordadas na pesquisa.

Usualmente, cada instituição determina sua forma de construção do processo pedagógico e os objetivos a serem alcançados, dentro de seus limites e disponibilidade de recursos.

Nessa visão, a arte se mostra em um processo dialético com a realidade, no momento em que alguém seleciona, compara e interpreta as imagens registradas sobre qualquer suporte, seja o som, a dança, o teatro, a cor, a forma de uma escultura e de tudo o que faz parte da vida. Ela transforma o olhar, que deixa de ser passivo e torna-se ativo, seletivo, tátil, contemplativo e criador, articulando-se aos processos da vida cotidiana. Nesse entendimento, a prática artística torna-se uma linguagem promotora da identidade, em que é possível estabelecer uma reflexão crítica, considerando o jovem um sujeito sociocultural, ou seja, que percebe, reconhece e passa a considerar a diversidade no contexto social.

É nesse universo voltado para o sensível, para o reconhecimento do cognitivo, que a linguagem da arte, de forma lúdica e criativa, oferece aos jovens uma oportunidade de ampliação de seus horizontes no campo da cidadania.

Os conteúdos são construídos pelo agir e pelo pensar. Nesse sentido, é o caráter coletivo das ações vividas e mediadas pelos educadores que traz os resultados individuais.

Foi a partir do livro *A educação pela arte*, de Herbert Read, publicado em 1943, que se desenvolveu um estudo de análise psicológica das expressões artísticas de crianças e adolescentes. Read, influenciado pelo pensamento de Platão, defende a tese de que a arte deve ser a base da educação, e desenvolve argumentos sobre os objetivos da educação na formação das individualidades e na construção da democracia, bem como oferece uma definição de arte e seus pressupostos no desenvolvimento da percepção, da imaginação e da expressão:

> A arte é uma dessas coisas que, como o ar ou o solo, estão por toda a nossa volta, mas que raramente nos detemos para considerar. Pois a arte não é apenas algo que encontramos em museu e galerias, ela está presente em tudo que fazemos para satisfazer nossos sentidos (Read, 2001, p. 16).

Somente nos anos 1960, contudo, Richard Smith, Joe Tilson, Eduardo Palozzi, da Newcastle University, na Inglaterra, lançavam as bases teórico-práticas da arte-educação, que nos Estados Unidos foi desenvolvida pelo Getty Center of Education in Arts, sob a denominação de *discipline-based art education* (DBAE). Precursor desse movimento foi o trabalho realizado no México pelas *escuelas al aire libre,* que associavam a leitura dos padrões estéticos da arte com a história, recuperando a consciência cultural e política do povo. Segundo Barbosa (2005a, p. 36), buscava-se no fazer artístico a leitura da obra, sua história e a solidificação da consciência de cidadania do povo. Foi o movimento mais bem-sucedido da América Latina em arte-educação.

Mas o primeiro livro que estabeleceu, para o ensino de arte, a relação entre o conhecimento e a arte como *performance* foi o de Edmund Feldman, denominado *Becoming human through art: aesthetic experience in the school*, publicado em 1970. De acordo com Barbosa (2005a), trata-se de um livro didático que apresenta o ato de ver associado a princípios estéticos, éticos e históricos, divididos em quatro processos distintos, porém, interligados: o primeiro é o descritivo, que utiliza os sentidos, narrando e observando o que se vê e o que já é conhecido. O segundo processo é a análise, é o momento de dar significado à obra, observando as intenções do artista ao criá-la. O terceiro estágio do processo é a interpretação, que é o resultado do encontro pessoal com a obra, explorando a imagem, descobrindo as sutilezas das linhas, da forma, da cor. Por meio das habilidades críticas procura-se um significado da obra pelos seus símbolos. O quarto processo é o julgamento: depois de ter estabelecido uma relação pessoal com a obra e conhecido seu tempo histórico, o fruidor constrói uma história particular que compara a obra com as inquietações pessoais e faz refletir sobre o universo que essa obra abre. A arte passa a ser valorizada como objeto do saber, com base na construção, na elaboração e na organização desse saber, que é acrescido ao fazer e traz a possibilidade de compreensão do patrimônio artístico-cultural da humanidade. Para Barbosa (2005a, p. 44), o livro de Feldman é tão importante para a arte-educação que, segundo ela, "me contentaria com o ato de tradução integral de *Becoming human through art*, o que satisfaria o meu desejo de fusão absoluta com a obra".

Inspirada nesses teóricos e nessa abordagem para a arte-educação, Ana Mae Barbosa construiu uma concepção teórica e uma prática que sistematizaram as pesquisas em arte no Brasil nos anos 1980, apresentando a proposta triangular. Tal proposta é fruto de vivências da autora com as *escuelas al aire libre*, no México, o *critical studies* inglês e o movimento de apreciação estética aliado ao DBAE estadunidense, que estabeleceu as bases teóricas das práticas com arte, tratando de forma integrada a produção, a crítica, a estética da arte e a história da arte. Essas três experiências de ensino e aprendizagem contribuíram para que Barbosa (1998) vivenciasse, em um ambiente de educação não formal — o museu —, sua proposta inédita e pertinente à realidade brasileira. Recebeu o nome de metodologia triangular porque aponta para um tripé: fruir, contextualizar e fazer a obra de arte. Barbosa (2005a, p. 31-2) explica:

> [...] quando falo de um conhecimento que nas artes visuais se organiza inter-relacionando o fazer artístico, a apreciação da arte e a história da arte. Nenhuma das três áreas sozinha corresponde à epistemologia da arte. O conhecimento em artes se dá na interseção da experimentação, da decodificação e da informação [...] Só um fazer consciente e informado torna possível a aprendizagem da arte.

É uma proposta que questiona, busca o papel transformador e crítico da arte como forma de expressão e de reflexão do homem e da sociedade na história de suas vidas e nas memórias do povo.

Em seu livro *Tópicos utópicos*, Ana Mae Barbosa (1998) busca considerar a importância do estudo da arte local como gerador de reflexão crítica sobre o contexto social e cultural da comunidade à qual pertence. A autora entende que é dominando as referências culturais da própria comunidade, da própria classe social que se abre a porta para a assimilação do outro. "Através das artes temos a representação simbólica dos traços espirituais, materiais, intelectuais e emocionais que caracterizam a sociedade ou o grupo social, seu modo de vida, seu sistema de valores, suas tradições e crenças" (Barbosa, 1998, p. 16). A contribuição trazida pela metodologia triangular permitiu o aprofundamento das reflexões sobre o papel social e cognitivo da arte na educação.

Pensar a arte não apenas como expressão, mas também como cognição, marca uma nova postura no ensino, ao entendê-la como parte da cultura que emerge do dia a dia das pessoas. Isso possibilita ver na arte as dimensões de uma forma de pensar, de gestos vividos que trazem na memória inscrições da consciência, do pertencimento. "A consciência cultural conduz para questões a respeito da identidade e do ato representativo em si mesmo" (Barbosa, 1998, p. 16). O cruzar fronteiras pode ser conflituoso, mas é um movimento exploratório que se confronta com problemas de passado e presente, interior e exterior.

Para a pesquisadora e crítica de arte Aracy Amaral (2003, p. 323), em seu livro *Arte para quê?*, "[...] a arte é em si um canal transmissor, embasando seu valor na força da comunicação [...]". É por essa força que a experiência estética mobiliza nos jovens a dimensão do sensível, podendo despertar neles nova consciência mental e corporal. A intensidade dessas experiências sugere a existência de um processo de solidariedade que acontece pela vida afora, entrelaçando-se no vivenciar da experiência e possibilitando, nessas relações, a descoberta de valores e ideal de vida.

A proposta da metodologia triangular lança luz sobre essa forma de compreensão do que é arte. Esta passa a ser entendida também a partir de como se mobilizam as operações cognitivas no indivíduo, em um movimento de transformação do olhar, que deixa de ser passivo para se tornar ativo, seletivo, criador. Um olhar que passeia pelas ruas, pelas praças, pela comunidade, observando o entorno e procurando ver o que ele pode revelar de si e do outro e o que afeta a ambos. De acordo com Barbosa (2005a, p. 43), "a contextualização pode ser a mediação entre a percepção trazida pelo olhar, a história e a identidade". É nessa experiência proporcionada pela arte que se tem revelado seu papel social, voltado para uma formação humanizada, portadora de criticidade, que implica o reconhecimento dos direitos sociais dos indivíduos. A construção de um novo modo de ser, pelo aprendizado de novos significados, reconhece na linguagem da arte a pluralidade e outras culturas.

Para esse entendimento, Barbosa inspirou-se em Leah Morgan, uma professora do estado de Kentucky, nos Estados Unidos, que integrou a arte da comunidade a suas práticas pedagógicas. Seu compromisso era chamar a atenção para as formas de arte existentes na comunidade. O trabalho de Morgan mostrou que esse é um passo essencial para a educação comprometida com a mudança social. Trouxe também a ideia de criar um *perturbamento familiar*, processo que consiste em perceber o invisível do cotidiano a partir da compreensão de sua identidade cultural, além de refletir sobre questões de gênero, inclusão social e mudanças políticas dentro do seu contexto, valorizando as manifestações da comunidade e fortalecendo a autoestima. Severino (1994, p. 104) enfatiza: "[...] os homens se reconhecem como semelhantes, como membros de uma mesma comunidade em virtude de um cotidiano que tem também uma dimensão pré-reflexiva". Dessa forma, a arte se constitui em uma ação significativa porque passa a ser processo de conhecimento, não apenas do ponto de vista da estética, como produção de obras belas e harmoniosas, mas também da argumentação que esse jovem possa elaborar sobre as mediações de sua existência. A atividade artística reflete no enfoque social o sentido de organização de experiências, articulando e integrando os participantes do projeto a um todo significativo, que se comunica com quem olha e seleciona um dos aspectos com que se identifica e se reorganiza, trazendo o novo. Esse significado poderá ser representado por qualquer linguagem da arte, seja a dança, seja a música, as artes visuais ou o conhecimento do patrimônio histórico.

A dança como linguagem: percurso artístico da ONG De Olho no Futuro

Os corpos são zonas de encontro, sem começo nem fim, e a presença da dança os reconfigura, permitindo ressignificá-los. O corpo, por sua dupla potência perceptiva (comportamento e gesto), promove no sujeito a vivência da experiência estética com a dança. Essa experiência estética é caracterizada pela identificação do intérprete que, ao recriar a dança, traz novos sentidos de interpretação de mundo. O intérprete produz um fluxo entre dificuldade e superação, determinado pelas relações e repertórios já vividos e percebidos por ele. São as pausas e os lugares de descanso que pontuam a qualidade da experiência. Nesse caso, o resultado é o equilíbrio, que incorpora significado e aumenta as possibilidades de enfrentar outros obstáculos.

A dança, como agente vinculadora de conhecimentos, pode propiciar ao jovem envolvido um desenvolvimento integral, um equilíbrio harmônico e uma melhor compreensão da sua identidade.

O ensino da dança pela abordagem da metodologia triangular compõe um tripé cujos vértices são compostos a partir das relações entre arte, ensino e sociedade, na formulação de uma proposta de aprendizado que faça sentido para quem a executa.

Os conceitos do fazer artístico, da apreciação, da leitura da obra de arte e sua contextualização são as bases da abordagem da metodologia triangular. Partindo desse pressuposto, é possível trabalhar com a dança relacionando as sensações de prazer, alegria, autoestima, poder e pertencimento. Os entrelaçamentos das experiências corporais transformam sensações particulares em atitudes compartilhadas.

É nessa troca de experiências corporais e atitudes compartilhadas que se torna possível a construção de valores nos projetos sociais em que a dança é a linguagem que instrumentaliza o trabalho com os jovens. Utilizam-se dela para constituir novos laços que os aproximem, visando apresentar uma perspectiva que seja transformadora. O objetivo da dança, na abordagem triangular, é apontar a expressão corporal como forma de integração social, compreendendo a importância de uma prática que respeite o corpo e a liberdade de expressão, não só na busca de sua identidade, mas também no viver em sociedade, no relacionar-se com o seu eu e com o próximo.

Assim, os três vértices da metodologia triangular aplicados à dança podem ser vistos desta forma:

- O primeiro vértice é a fruição da dança. Na execução dos movimentos, os jovens tomam consciência do corpo e passam a apreciar seus próprios segmentos corporais, de maneira a observar os movimentos de forma unilateral e bilateral. Além disso, sentem a importância dos corpos, que caminham para atingir a independência dos movimentos. Trata-se da interação da ação com o mundo e no mundo. A percepção do dançar e as transformações ocorridas no corpo do dançante constituem o fundamento para sua percepção do mundo de forma crítica e sensível. O conhecimento das diferentes capacidades de movimento ajuda a encontrar gestos que se articulam com os signos da linguagem da dança. Estes são aprendidos no conhecimento dos textos discutidos, entendidos para que sejam corporificados e apropriados nessa mediação. A dança deve ser trabalhada para favorecer o desabrochar do corpo, que é a forma natural da expressão humana.
- O segundo vértice é a contextualização da dança. Ela nunca aparece dissociada da apreciação; ela situa os atores da ação interpretativa em seus contextos de referência. É relacionar histórias não do ponto de

vista dos fatos, mas as formas como foram construídos seus processos criativos e interpretativos nos repertórios já identificados. Os textos das danças são passíveis de múltiplas leituras e, ao serem compartilhados pelos dançantes em processos dialógicos, recortam-se, compõem-se e se organizam de maneira a ressignificar os conteúdos e buscar, de modo não linear, as diversas dinâmicas estabelecidas pelos corpos.

- O terceiro vértice é o fazer na dança: o dançar. Isso implica realizar projetos que direcionem o olhar para as relações entre os leitores da dança, o conhecimento da arte e a leitura de mundo produzida no dançar. Projetos que envolvam educadores, jovens e a comunidade social, projetos que ofereçam a possibilidade de caminhos intencionais para que os leitores da dança se transformem em cidadãos.

O que parece ser um diferencial nessa metodologia aplicada à linguagem da dança é o fato de o fazer artístico acontecer no corpo e afetar intimamente o indivíduo que participa de sua realização. A dança é uma forma de ação sobre o mundo, ela engendra e propõe abertura em direção à constituição de sentidos para os jovens, dentro dos projetos sociais.

Dessa forma, a linguagem da dança, pensada como proposta de renovação e transformação nos projetos sociais, constitui-se em uma visão que procura na pesquisa uma perspectiva para entender como acontece o engajamento de jovens em tais projetos.

O grafite como ferramenta de expressão no Instituto Nova União da Arte (NUA)

Desde os primórdios da civilização, já existia o ato de manifestar sentimentos e contar histórias por intermédio de inscrições nas paredes, associadas a manifestações políticas e sociais. Podemos citar as pinturas rupestres, "[...] que se trata das mais antigas relíquias da crença universal no poder das imagens [...]" (Gombrich, 2003, p. 39), como também outras inscrições nas pinturas murais dos egípcios, nos relevos do Palácio de Assurbanípal, na Mesopotâmia, que sempre eram associados a uma manifestação de poder. Também na antiguidade romana, o grafite era usado para manifestar o descontentamento com figuras públicas da sociedade.

Como movimento estético, o grafite nasceu em 1968, em uma manifestação estudantil francesa. Era inicialmente um movimento mantido de forma marginal, que foi tomando corpo nos elementos plásticos e nos conteúdos psicológicos. O grafite chegou aos Estados Unidos nos anos 1970, com inscrições feitas com pincel atômico e depois com *spray* nos muros e paredes do metrô, uma forma de identificar gangues e tribos.

Porém, foi com os artistas Jean Michel Basquiat, Keith Haring e Kenny Scharf que o grafite encontrou um novo estilo: o figurativo, carregado de elementos psicológicos. Foi com esses artistas que o grafite firmou-se como arte, estabelecendo uma relação de ruptura com a forma tradicional de o artista se relacionar com a sociedade e produzir sua obra. Eles encontraram no espaço urbano uma tela gigante para expressar sua arte intervencionista, que critica, satiriza, perturba e agita a ordem, visando gerar uma consciência social. A rua se transforma em ferramenta de comunicação.

No Brasil, o grafite surgiu no final da década de 1970, dentro de um contexto sociopolítico de repressão, o que dificultava qualquer manifestação pública. Era o período da ditadura militar, em que os movimentos contrários ao poder estabelecido, principalmente na arte, seriam reprimidos.

Nesse panorama, surgiram os grafiteiros Alex Vallauri, Galo de Souza, Os Gêmeos e Hudnilson Júnior, que transformaram o espaço urbano em disseminação de ideias e comunicação política. Uma nova identidade visual nas ruas tomava posse daquilo que, ao mesmo tempo, era de todos e de ninguém, utilizando-se de seus contornos e superfícies para socializar o pensamento em forma de arte.

Hoje, o grafite é tratado como uma linguagem de arte que exprime a comunicação de diferentes agentes sociais, suas questões e relações com o imaginário urbano. Em seu aspecto plástico, de interferência expressa no suporte de muros e paredes, o grafite é um processo cultural. Ele difere da pichação, uma escrita rápida que não passa de rabiscos e garatujas não autorizadas, que sujam e poluem a cidade, funcionando como marca de posse de território de gangues.

Tratar o grafite como arte não é só entendê-lo como meio de expressão e comunicação, mas também como produção cultural inserida em um contexto histórico, político e social. A proposta da metodologia triangular convida a reconhecer e apreciar as qualidades singulares do estilo desenvolvido pelos artistas em suas produções.

Assim, abordamos os três vértices da proposta:

- O primeiro vértice é a fruição: a abertura aos questionamentos sobre o tema, levantando as questões sobre grafite e pichação, bem como a percepção dos detalhes buscados na sobreposição das mensagens, nas composições transitórias e na comunicabilidade das inscrições, observando que o grafite resulta de uma articulação de códigos impregnados da visão de mundo de quem o realiza.

- O segundo vértice é a contextualização: compreender que o grafite é um movimento artístico realizado em espaços públicos, que carrega consigo as qualidades estéticas, as imagens significativas e os valores que a obra conduz através do tempo e do espaço para as próximas gerações. É possível também que outras obras sobre o mesmo tema, mas de épocas diferentes, sirvam para refletir sobre preconceitos, valores e ideologias.

- O terceiro vértice é o fazer artístico: a criação de imagens expressivas experimentando os recursos dessa linguagem e de técnicas como o lambe-lambe, que são as composições formadas a partir de recortes e colagens de desenhos. Suas mensagens podem ser líricas ou politizadas. Outra técnica usada é o estêncil: um recorte em negativo, ou seja, um molde colocado contra a parede, que recebe jato de tinta *spray*. Para os artistas grafiteiros, a rua transforma-se em uma galeria de arte rica em registros dos envolvidos nesse fazer, deixando marcas de interferência vinculadas a causas políticas, ambientais e sociais. É uma arte de comunicação e de mudanças sociais, colocada nos muros e paredes da cidade para acordar os olhares adormecidos dos passantes.

Referências

AMARAL, Aracy. *Arte para quê?* A preocupação social na arte brasileira, 1930-1970: subsídios para uma história social da arte no Brasil. 3. ed. São Paulo: Nobel, 2003.

BARBOSA, Ana Mae. *Tópicos utópicos.* 2. ed. Belo Horizonte: C/ Arte, 1998.

_____. *Arte-educação:* leitura no subsolo. 6. ed. São Paulo: Cortez, 2005a.

_____ (Org.). *Arte-educação contemporânea:* consonâncias internacionais. São Paulo: Cortez, 2005b.

BASTIDE, Roger. *Arte e sociedade.* 2. ed. São Paulo: Edusp, 1979.

GOMBRICH, Ernst Hans. *A história da arte.* Rio de Janeiro: LTC, 2003.

READ, Herbert. *A educação pela arte.* São Paulo: Martins Fontes, 2001.

SEVERINO, Antonio Joaquim. *Filosofia da educação:* construindo a cidadania. São Paulo: FTD, 1994.

4

"Feio não é bonito?" Experiências com a produção de arte infantil em um espaço de educação não formal

Zilpa Maria de Assis Magalhães

Quem já pintou uma flor com a cor do chulé?
Quem já desenhou uma árvore com casca de ferida?

Crianças costumam divertir-se com associações como essas apontadas na epígrafe anterior. Ambiguidades e inversões de sentido fazem parte da infinita capacidade que elas têm de relacionar pensamentos e de criar ideias novas. Ideias novas como essas da epígrafe, que foram apropriadas por nós, vindas de expressões plásticas e verbais das crianças durante as aulas na Vivekinha.[4]

---

4. Espaço de arte-educação não formal, localizado na zona leste de São Paulo, que será abordado neste capítulo.

Para as crianças, o cotidiano mais banal é repleto de fantasia e imaginação, "onde os odores criam cores, as texturas outros amores". Nossa paráfrase parece poética? É porque talvez seja a poesia o melhor jeito de entrar na brincadeira, de experimentar caminhos que possam revelar a nós, adultos, um pouquinho desse universo mágico. "Somente para o indivíduo insensível, a experiência é carente de sentido e imaginação", diz Walter Benjamin (1984, p. 24), para quem "brincar significa sempre libertação" (idem, ibidem, p. 64).

Recorremos aqui à liberdade de expressar palavras pouco convencionais, raramente aceitas, socialmente consideradas feias, deselegantes ou mesmo vulgares. E não seriam a poesia, as artes e as brincadeiras campos propícios para confundir fronteiras e desestabilizar os lugares do certo e do errado, do bonito e do feio? Muitas vezes esses conceitos surgem de forma associada: o bonito como certo; o feio como errado. A "Beleza", diz Humberto Eco (2004, p. 14), "jamais foi algo de absoluto e imutável, mas assumiu faces diferentes" através dos tempos. Diz ainda o autor:

> existe o Feio, que nos repugna em estado natural, mas que se torna aceitável e até agradável na arte, que exprime e denuncia "belamente" a feiura do feio, entendido em sentido físico e moral. Mas até que ponto uma bela representação do feio (e do monstruoso) não o torna fascinante? (Eco, 2007, p. 133).

Frente ao mundo globalizado em que vivemos, porém, pode-se dizer que esses valores, historicamente colocados em oposição à civilização ocidental, necessitam ser mudados. "O feio hoje pode ser tão desejado quanto a beleza", ajudando-nos a "experimentar um olhar menos preconceituoso", diz Marize Malta (2011, p. 5).

O pensador Edgar Morin (2010, p. 59) adverte: "conhecer e pensar não é chegar a uma verdade absolutamente certa, mas dialogar com a incerteza". Ele complementa: "a condição humana está marcada por duas grandes incertezas: a incerteza cognitiva e a incerteza histórica". Da primeira, Morin (2010, p. 59) destaca três princípios:

> o primeiro como cerebral: o conhecimento nunca é reflexo do real, mas sempre tradução e construção, isto é, comporta risco e erro; o segundo como físico: o conhecimento dos fatos é sempre tributário da interpretação; o terceiro é epistemológico: decorre da crise dos fundamentos da certeza, em filosofia (a partir de Nietzsche), depois em ciência (a partir de Bachelard e Popper).

"A incerteza histórica", diz Morin (2010, p. 59), "está ligada ao caráter intrinsecamente caótico da história humana". Segundo esse autor, a nossa "aventura histórica" "foi marcada por criações fabulosas e destruições irremediáveis", sendo que em nossa era planetária "desgarrou-se da órbita do tempo reiterativo das civilizações tradicionais, para entrar, não na via garantida do Progresso, mas em uma incerteza insondável". "É preciso, portanto", conclui o autor, "prepararmo-nos para o nosso mundo incerto e aguardar o inesperado" (Morin, 2010, p. 60-1).

Ao tentarmos nos equilibrar nessa "corda bamba", poderíamos perguntar: por que, afinal, o feio não é bonito? Essa pergunta traduz justamente o lugar para onde gostaríamos de migrar, a fim de que as criações da infância sejam possíveis de outro jeito. Diferentemente das usuais definições preconcebidas, nossa proposição, longe das verdades absolutas, inclina-se ao estranhamento tentando, como fazem os artistas e as crianças, embaralhar limites e questionar velhos hábitos.

A seguir, daremos um olhar panorâmico sobre algumas das experiências desenvolvidas na Vivekinha, que nos ajudaram a ampliar conhecimentos.

O rumo da história: um olhar sobre a Vivekinha

Vivekinha é um espaço de arte-educação não formal, voltado para crianças de quatro a dez anos de idade. Situada no Tatuapé, bairro da região leste de São Paulo, é parte da escola de arte Ziarte-Viveka onde, há mais de vinte anos, são oferecidos cursos de desenho e pintura, modelagem em cerâmica, história da arte, arte para crianças, assessoria para arte-educadores, entre outros. A escola, que no início chamava-se "Viveka — Escola de Arte e Criação" (a palavra "viveka" é de origem sânscrita, que significa "discernimento"), passou por várias mudanças, ganhando esse nome duplo em 2004. Atualmente ela está instalada em um ambiente maior chamado "Espaço Viveka", convivendo também com outros profissionais da área de psicologia e psicopedagogia, propondo-se a viabilizar ideais de saúde e qualidade de vida para as pessoas que frequentam o lugar.

Sem desmerecer os outros, consideramos esse trabalho desenvolvido com as crianças o de maior responsabilidade. Porque somos nós, os adultos, que criamos conceitos, ou preconceitos, que podem ajudar a desenvolver a sensibilidade, o pensamento e os afetos de forma a integrá-los ou ocultá-los. Mas "crianças não dão moleza, ainda bem!" Ao atender à curiosidade delas, poderemos também despertar a nossa, ajudando a ampliar horizontes.

A primeira turma da Vivekinha foi reunida em 1990, quando priorizávamos tanto os desenhos livres e espontâneos, como os registros de observação do entorno, passando também por releituras de obras de artistas brasileiros e internacionais, abrindo caminhos para pesquisas de técnicas e materiais, assim como para as gramáticas visuais. Com o tempo, os mergulhos investigativos originaram a realização de vários projetos, permitindo expandir experiências e trabalhar com realidades educacionais muito diferentes das nossas.

Uma dessas experiências ocorreu em 1999 e foi chamada "Arte nas Férias". Patrocinada por um shopping center da nossa região, tivemos a oportunidade de programar oficinas de arte gratuitas para um grande número de crianças (500 crianças em média por dia, segundo dados da instituição), de quatro a onze anos de idade e provenientes de vários setores socioculturais. Educadoras foram selecionadas e treinadas por nossa equipe para mediar o evento, em que foram desenvolvidos: desenhos, pinturas, colagens e construções, a partir de imagens de obras de vários artistas: de Pablo Picasso (1881-1973) a Jean Michel Basquiat (1960-1988) e de Tarsila do Amaral (1886-1973) a Hélio Oiticica (1937-1980). Para nós, esse evento foi muito importante, porque acreditamos ter conseguido problematizar situações de aprendizagem para cada artista estudado e com fôlego para cada dia de trabalho, o que nos deu mais segurança para acreditar no que fazíamos e seguir adiante. Daí entendermos que haveria muita luta pela frente, se dali nos dispuséssemos a buscar saídas para atuar também junto aos professores da educação formal. As questões originadas nesse projeto despertaram o desejo de conhecer melhor outras dinâmicas educacionais, em que talvez pudéssemos contribuir com a experiência acumulada e trazer igualmente para nós outras reflexões.

Em 2002, iniciamos um longo percurso de assessoria para a formação dos profissionais de educação infantil, junto aos órgãos educacionais da Prefeitura Municipal de São Paulo (PMSP) e que permanece ativo até hoje. Nesse trajeto pudemos acompanhar alguns pequenos avanços, como permitir que as crianças se "sujem" de tinta e de cola, por exemplo, oportunizando vivenciarem o uso desses materiais, em vez de fazer por elas. Contudo, parece comum que, no corre-corre habitual, as práticas sejam ainda acionadas de modo automático, em que terminam por seguir modelos fixos, sem leituras ou questionamentos, simplesmente para "dar conta do recado".

Há tempos, fala-se de uma "crise na educação". Hannah Arendt diz que ela "é expressão de uma crise mais ampla", em que corremos o risco de "perder o vínculo com o mundo" (Arendt apud Almeida, 2011, p. 19). Consequentemente, a tendência geral direcionada à educação formal tornou-se um total desprestígio docente. O lado avesso dessa história mostra, contudo, a inexistência de condições concretas de trabalho. Nóvoa (2006/2007, p. 12) exemplifica essa questão pelo "uso retórico do professor reflexivo", cujas "condições de tempo são a matéria-prima mais importante da reflexão". Assim, os professores e as professoras terminam sendo ostensivamente desvalorizados como pensadores, largamente considerados "incapazes e incompetentes", repreendidos por uma deficiência que, afinal, faz parte de um "discurso dominante e indefinido sobre a escola". Nesse processo de "decepção coletiva", diz Bourdieu (Nogueira e Catani, 1998, p. 221), "essas disfunções" são o "preço a pagar" para que sejam obtidos os benefícios (especialmente políticos) da "democratização".

Voltando à Vivekinha, em 2005 iniciamos um novo canal de comunicação com os pais e/ou responsáveis para, de forma mais sistemática, mostrar-lhes o que as crianças faziam e com que objetivos. Assim, reunimos algumas fotografias tiradas durante as aulas e tecemos alguns comentários de modo descontraído para que, ao serem enviadas por *e-mail* após cada encontro, as próprias crianças e seus familiares pudessem desfrutar daquelas descobertas e invenções de um jeito diferente. Ao preparar esse material, descobrimos também que esses procedimentos, desenvolvidos em ritmos de análises e sínteses, ajudavam-nos a refletir não só sobre os processos de aprendizagem das crianças, mas principalmente sobre o nosso próprio processo de construção e mediação das aulas, gerando novas possibilidades de conhecimento e de autoavaliação.

Na atualidade, as crianças da Vivekinha "pintam e bordam!" Mas também gravam, fotografam, modelam, esculpem, coletam, combinam, alteram, constroem, desconstroem etc. Assim, nosso eixo de trabalho tenta equilibrar-se no desenvolvimento dos processos de percepção e de expressão das linguagens visuais, através da atribuição de significados às imagens lidas e construídas pelas crianças, buscando motivá-las a inventar formas de ver e agir no mundo.

"Feio não é bonito?" foi o título dado ao encontro com essas crianças em 11 de fevereiro de 2012, em que tivemos dez participantes (sete meninas e três meninos), com idades variáveis entre cinco e dez anos de idade. Como objetivo, propusemos a construção de desenhos que combinassem coisas bem diferentes entre si para que, em seguida, as próprias crianças fotografassem. Além de lápis e papel, foram oferecidos alguns materiais que possivelmente seriam considerados "bonitos" por elas, como lantejoulas, fitas e fios coloridos, assim como uvas: um cacho deslumbrante que arriscamos que a maioria gostasse de comer. Mas e depois? Como elas administrariam as sobras, os resíduos, ou mesmo o cheiro da fruta que provavelmente dominaria o ambiente?

A mistura de materiais díspares, como os apresentados nesse encontro, muitas vezes é questionada por algumas crianças, que geralmente se mostram mais habituadas àqueles materiais considerados "artísticos", como o lápis e o papel, as tintas coloridas etc. As uvas aqui tiveram um papel preponderante para problematizar aqueles lugares certificados por paradigmas que, como dissemos anteriormente, terminam por definir o certo e o errado, o bonito e o feio.

No trabalho que relatamos, a atitude da maioria das crianças frente a esses materiais foi de aceitação, buscando integrá-los na concepção geral de suas construções. Para outras crianças, entretanto, as dificuldades de aceitação aconteceram, sendo que uma delas apresentou uma reação bastante contundente. Vejamos um trecho interessante desse relato, mediado pela autora deste capítulo e retirado do registro de aulas:

> A. J. foi a única criança que não quis comer a fruta. Escolheu apenas os materiais tradicionais, além é claro das lantejoulas, recorde de sucesso entre as meninas principalmente. Recolheu-se quietinha desenhando em seu canto, pareceu-me até meio brava. Disse então que não queria usar nenhum daqueles materiais, porque seu desenho não ficaria bonito com eles. Então fiz uma pergunta crucial: "o que é bonito e o que é feio para você?" E muito mais brava ainda, mostrou o machucado da perna, esfregou o dedo nele e depois fez um risco no vidro com a marca do sangue que ficara em seu dedo...
>
> Pedi licença para fotografar o machucado e o sangue no vidro, revelando minha própria sensibilidade, dizendo que eu também precisaria pensar sobre aquilo.
>
> A. J. parece ter ficado mais confortável apenas no final da aula, quando tivemos oportunidade de trocar ideias, ver e mostrar as soluções criadas para cada trabalho. Mas o sorriso insuperável somente aconteceu quando vimos todos juntos as imagens das obras efêmeras[5] de alguns artistas contemporâneos.

Dizer que A. J. separou o que ela entende por certo e errado, bonito e feio, seria mera redundância. A força, po-

---

5. A "Arte Efêmera" pode ser entendida como um acontecimento, uma experiência que coloca em xeque o próprio conceito de obra de arte. Para um estudo mais aprofundado, indicamos o *site*: < http://www.itaucultural.org.br/efemera/arte.html >.

rém, que utilizou para mostrar sua contestação pareceu-nos sentida, "doída" (tanto que ela precisou mostrar o machucado e o sangue!). A cena ficou ainda mais difícil (para nós, pois era um risco que corríamos), quando entendemos que ela não gostava da fruta. Teria tido outra reação com morangos ou laranjas? Acreditamos que não! Porque possivelmente sua "revolta" trazia também um longo treino direcionado para a afirmação daqueles conceitos. E não somente isso, já que "aquilo que cada um de nós vê depende da história individual de cada um e do modo como cada subjetividade foi construída" (Crimp, 2005, p. 5).

Entendemos que nossa vida material tende a orgulhar-se apenas da razão e da lógica, valorizando somente a magnífica aparência da parte emersa desse *iceberg* que esconde, no entanto, uma complexidade muito maior, quase inapreensível! E então, fragmentadamente condicionados, confirmamos, repetimos e reproduzimos velhos padrões. São esses paradigmas "que nos impedem de aceitar ideias novas, tornando-nos pouco flexíveis e resistentes a mudanças" (Vasconcellos, 2002, p. 30). Pois aquilo que é "novo", possível fonte de saúde e equilíbrio emocional, necessita ser "farejado, criando algo que possa tornar sensível a experiência" (Rolnik e Anjos, 2011). As políticas culturais, portanto, necessitariam ser promovidas e articuladas com as várias educações (formal, informal e não formal), a serviço da formação em arte. Gohn (2006, p. 28) explica melhor essas diferenças:

> A educação formal é aquela desenvolvida nas escolas, com conteúdos previamente demarcados; a informal é aquela

que os indivíduos aprendem durante seu processo de socialização — na família, bairro, clube, amigos etc., carregada de valores e culturas próprias, de pertencimento e sentimentos herdados; e a educação não formal é aquela que se aprende "no mundo da vida", via os processos de compartilhamento de experiências, principalmente em espaços e ações coletivas cotidianas.

Assim, ao considerar a Vivekinha como um espaço de arte-educação não formal, acreditamos poder proporcionar uma estrutura de partida, a fim de ajudar as crianças a construir sistemas de produção e atribuição de sentidos para o mundo e para a vida. Ao arte-educador pode caber, acima de tudo, ultrapassar o estímulo à sensibilidade dos alunos, aprendendo e ensinando a não se deixar conformar por maneiras estereotipadas ou únicas de sentir.

Paralelamente a isso, para não perdermos de vista as articulações possíveis entre as dinâmicas de trabalho operadas na arte-educação não formal, no caso a Vivekinha (micro) e a arte-educação vista de maneira geral (macro), voltaremos à nossa questão inicial. Isto é, entendemos que a pergunta "feio não é bonito?" pode ocultar um caldeirão de concepções de arte que, ao serem veiculadas em nosso meio, terminam por deixar muita gente em campo escorregadio, sem saber para onde ir. Como veremos, durante anos, as dimensões estética, humanista e sensível das pessoas foram relegadas a um plano ínfimo da formação escolar. Geradas ao longo do tempo e ao sabor de diferentes correntes pedagógicas, muitas vivas e atuantes até hoje, examinaremos a seguir algumas delas à luz da história do ensino da arte no Brasil.

Breve história da arte-educação no Brasil

As concepções de arte no meio social imbricam-se com o ensino da arte, tendo origem na educação informal. Como dizem Ferraz e Fusari (2009, p. 18-9), "mesmo sem perceber, educamo-nos esteticamente no convívio com as pessoas e as situações da vida cotidiana", que "surgem de mobilizações políticas, sociais, pedagógicas, filosóficas, assim como de teorias e proposições artísticas e estéticas". Segundo Barbosa e Coutinho (2011), as principais concepções de arte são depreendidas da história do ensino da arte, cujos modelos formativos surgem em condições socioculturais, econômicas e pedagógicas particulares.

O jesuitismo

De partida, poderemos focalizar o período colonial, marcado pela chegada dos jesuítas ao Brasil. Durante os 210 anos contínuos de atuação, do século XVI ao XVIII, eles investiram na educação/evangelização de todos os segmentos da sociedade, utilizando-se principalmente do estilo Barroco como instrumento de sua doutrinação. Assim que aqui chegaram, ocuparam-se das artes e dos ofícios para a instalação dos colonos, formando gradativamente trabalhadores para os serviços essenciais. De início, as imagens para cópia, os materiais e os próprios artesãos vinham da Europa, mas, com o tempo, passaram a empregar mão de obra indígena, negra e principalmente mulata (Morais, 1994, p. 7).

Uma das principais características do ensino nessas confrarias está na grande amplitude de ação e polivalência dos seus participantes, muito próximos da população. Nesse caminho, o modelo de educação jesuítico, pautado na Filosofia Tomista ou Escolástica de São Tomás de Aquino, funda o conhecimento como forma de pedagogização, separando progressivamente o mundo dos adultos e o das crianças. Com um estilo educacional pautado em méritos, desenvolveram visões de arte alinhadas com cada segmento social separadamente, terminando por legitimar uma arte classificada como: "imprescindível" para a formação da elite; como "dispensável" para a formação da classe média; e para as classes desfavorecidas como "algo inferior" ou "uma atividade que só se procurava e exercia porque não se tinha aptidão para profissões mais importantes" (Nascimento, 2008, p. 36-47).

Na atualidade, parece fácil notar como esse sistema jesuítico ainda ecoa em nossas atividades educacionais. Para muitos, o ensino da arte continua sendo apenas: imprescindível para a formação da elite; um recurso (secundário ou inferior) a outras disciplinas mais importantes; um adendo ou um simples acessório do qual poderemos prescindir com facilidade.

D. João VI no Brasil

Com a chegada de D. João VI ao Brasil, em 1808, iniciou-se a formação de um Estado político emancipatório, gerando grandes transformações históricas, econômicas, sociais e culturais. Assim, como oficial representante da modernidade estética europeia daquele período, a Missão Artística Francesa chega ao Rio de Janeiro em 1816, a fim de organizar o ensino de artes e ofícios e colocar em funcionamento a Escola Real das Ciências, Artes e Ofícios. Título este modificado várias vezes, pois foi hostilizado pelo meio artístico luso-brasileiro (Morais, 1993, p. 9), retardando por dez anos a inauguração da Academia Imperial de Belas-Artes (AIBA) para, depois da proclamação da República, chamar-se Escola Nacional de Belas-Artes (ENBA), em 1890.

Os franceses implantaram aqui a ideologia neoclássica através de uma pedagogia que pretendia indicar valores morais, importados da Revolução Francesa e vinculados ao Iluminismo. Ou seja, a meta coletiva de "liberdade, igualdade e fraternidade", que sintetizaria a natureza daquele novo cidadão revolucionário, adentra nosso ambiente (repleto de escravos!) para ditar regras, ideais de beleza e desenrolar-se em "árduos" exercícios formais (Barbosa, 1989, p. 15).

A partir desse sistema chamado Belas-Artes, terminaram por impregnar no meio social a visão do artista como um gênio bem-dotado e de espírito heroico. Ao associar palavras como "*dom* e *habilidade*" apenas àqueles praticantes de um virtuosismo técnico e intelectual, referindo-se ao estilo neoclássico dominado pelas elites, terminam por relegar o ornamento, o excessivo ou a desproporção à criação popular, vinculando-a ao Barroco e ao Rococó, estilos do período anterior.

O ensino do desenho para a indústria

Na década de 1870, a província de São Paulo foi responsável por um crescimento populacional e material bastante expressivo, impulsionada pelo avanço do setor cafeeiro e por um estrondoso processo de urbanização. Após a Proclamação da República, em 1889, leis educacionais passaram a focar a dilatação industrial em curso, especialmente para o ensino público.

Até então, o preconceito construído contra as artes manuais tornara-se uma barreira também às artes industriais, já que eram consideradas "tarefas de escravos", que totalizavam um quarto da nossa população (Barbosa, 2008a, p. 26). Nasce daí a ideia de "educação para o progresso da Nação" (id., ibid., p. 38), que coincidiu com a Abolição da Escravatura, passando-se a exigir a democratização do ensino público em todos os setores da sociedade.

Com a finalidade de propagar o ensino do desenho e *preparar o povo para o trabalho industrial*, foi incluído o *desenho geométrico no currículo escolar* nas escolas primárias, secundárias e Normais (escolas para a formação de professores) e nos liceus de artes e ofícios (Ferraz e Fusari, 2009, p. 43). Mas o ensino superior, como acontecia no período jesuítico, continuou sendo visto de forma privilegiada, objetivando a "formação de uma elite que governasse o país" (Barbosa, 1989, p. 15).

Torna-se evidente que as mudanças ocorridas nesse período *não romperam* com os padrões instituídos, a não ser na aparência, reduzindo o ensino da arte apenas à *valoriza-*

ção do desenho, visto como linguagem da técnica e da ciência, pautado no ideário positivista extensamente divulgado no país (Barbosa, 2008a, p. 34).

O ensino da arte no período modernista

Como um marco na história da arte e da cultura brasileira, a Semana de Arte Moderna, realizada entre 11 e 18 de fevereiro de 1922, no Teatro Municipal de São Paulo, cria condições para a renovação das linguagens artísticas, evidenciando, também, o processo de transformação social em curso. Dez anos depois, com a intenção de renovar a escola tradicional, veio o Manifesto dos Pioneiros da Educação Nova, orientando-se por uma visão social da escola, enaltecendo o exercício dos direitos à cidadania, voltados para a educação pública, a escola única, a laicidade, a gratuidade e a obrigatoriedade da educação.

Com os escolanovistas, o ensino da arte ganhou novo enfoque. Desde o desenvolvimento do impulso criativo, através da elaboração da subjetividade, até as relações entre o processo cognitivo e o afetivo, aliando-se às pesquisas da Psicologia aplicada à educação (Psicologia Cognitiva, Psicanálise e Teorias da Gestalt), que tomava como base a expressão artística do aluno por meio de seus processos mentais de desenvolvimento (Ferraz e Fusari, 2009, p. 47).

Para disseminar essas experiências, as *escolinhas de arte da educação não formal* foram de enorme importância. Embora suas origens datem do final dos anos 1920, com nomes como Theodoro Braga, Anita Malfatti e Mário de Andrade, foi somente a partir da criação da "Escolinha de Arte do Brasil" (EAB), no Rio de Janeiro de 1948, pelo artista Augusto Rodrigues, que essas ideias tiveram imensa influência multiplicadora. Depois que iniciou seus cursos de formação de professores, tendo à frente a arte-educadora Noêmia Varela, desencadeou o "Movimento Escolinhas de Arte" (MEA), formando toda uma geração de arte-educadores no Brasil e muitos na América Latina espanhola (Barbosa, 2008b, p. 7).

A ideia de que "a arte deve ser a base da educação", disseminada pelo Movimento, partiu do livro de Herbert Read, *Education through art*, publicado em 1943. Embora Read tenha sido frequentemente citado pelos integrantes do MEA, a análise dos programas mostra que seus estudos raramente foram utilizados como embasamento teórico (Barbosa, 2008b, p. 7). Azevedo (2008) explica que a principal preocupação desses profissionais pautava-se no respeito às etapas do desenvolvimento gráfico da criança, baseadas no livro *Desenvolvimento da capacidade criadora*, de Victor Lowenfeld, que se tornou uma verdadeira febre naquele período.

Nasce daí a ideia de que o principal objetivo da arte seria a "expressão dos sentimentos", muitas vezes tomado apenas como descarga emocional, apegado à crença de uma "virgindade expressiva da criança" (Azevedo, 2008, p. 224), para se desenvolver sem a interferência do adulto, preservando-a, inclusive, do contato com a obra de arte (Azevedo, 2008, p. 224). De qualquer forma, os participantes do MEA lutaram para introduzir a arte-educação na escola pública. Em 1948, uma lei federal permitiu e regulamentou a criação de *classes experimentais*, mas a arte só veio a ganhar espaço e visibilidade no contexto educacional na pós-modernidade.

O ensino da arte no período pós-modernista

Em 1961, em meio aos anseios nacionalistas de desenvolvimento, foi promulgada a primeira Lei de Diretrizes e Bases da Educação Nacional (LDBEN), que aprovou a organização de classes experimentais, permitindo a continuidade de muitas daquelas experiências em arte iniciadas anteriormente. Até que veio o golpe militar de 1964, anulando todas aquelas iniciativas!

De fato, uma série de acordos produzidos nesse período entre o Ministério da Educação brasileiro (MEC) e a United States Agency for International Development (Usaid) visaram estabelecer convênios de assistência técnica e cooperação financeira à nossa educação. Esses acordos foram fortemente marcados pela concepção tecnicista em educação, especialmente em sua expressão na chamada "teoria do capital humano" ou, em outras palavras, no "economicismo educativo" (Ribeiro, 1998, p. 167), em cujo discurso articulava-se uma concepção de educação que pressupunha o desenvolvimento econômico. Essa "ajuda externa" tinha, portanto, o objetivo de reorientar o sistema educacional brasileiro, fornecendo diretrizes políticas e técnicas para adequá-lo aos desígnios da economia capitalista internacional, "sobretudo aos interesses das grandes corporações norte-americanas" (Minto, 2006).

Barbosa (2003) afirma que "a partir daí a prática de arte nas escolas públicas primárias foi dominada em geral pela sugestão de tema e por desenhos alusivos a comemorações cívicas, religiosas e outras festas".

Em 1970, a *Educação Artística foi introduzida como disciplina obrigatória no currículo escolar de primeiro e segundo graus*. Através da nova LDB n. 5.692/71, um novo conceito de ensino de arte foi estabelecido: a prática da polivalência. Aos professores coube, então, ensinar artes plásticas, música e artes cênicas (teatro e dança), sendo formados para isso em apenas dois e/ou três anos. De qualquer modo, essa inserção da arte no currículo escolar foi considerada um avanço.

Foi somente a partir de 1996, com a LDB 9.394, que essa disciplina passou a ser designada por *Ensino de Arte*, com conteúdos próprios ligados à cultura artística. Bem sabemos, no entanto, que mudanças de fato não ocorrem por decreto, pois os Parâmetros Curriculares Nacionais têm sido insuficientes para delimitar campo e problemas a serem enfrentados na formação dos professores, resultando na permanência daquelas confusas concepções de arte até hoje.

Em meio a lutas críticas e políticas por melhores condições do ensino da arte, surgiu, entre outras propostas, a Abordagem Triangular, sistematizada a partir das condições estéticas e culturais da pós-modernidade. A imagem, sua decodificação e interpretações em sala de aula, com a já conquistada expressividade, entraram para a vida dos arte--educadores desde o final dos anos 1980.

Considerações finais

Com o título "Feio não é bonito?", buscamos refletir sobre alguns preconceitos corriqueiramente atribuídos às artes visuais e que geralmente terminam por fragmentar e fixar essas experiências, estereotipando-as. Como vimos, as concepções de arte aí ocultas resultam de condicionamentos formados por modelos surgidos em condições socioculturais, econômicas e pedagógicas específicas, podendo ser depreendidas, entre outros sistemas que compõem a sociedade, da história do ensino da arte.

Na Vivekinha, os componentes da Abordagem Triangular (ler, fazer, contextualizar) têm sido a própria base de trabalho, com o principal objetivo de exercitar o reconhecimento do mundo no qual se vive e agir nele. Por isso, enfatiza os processos e não somente os resultados das produções dos alunos; incentiva a atribuição de significados através de exercícios da linguagem visual; e estabelece relações entre diversas áreas de conhecimento, ao propor novas perguntas geradas nesses contextos.

A nosso ver, um elemento extraordinário aí envolvido emerge do "prazer transgressor" que a arte possibilita, auxiliando a movimentar ideias com maior liberdade e a "capturar coerências", como diz Hérnandez (2011, p. 31-49). Nessa direção, entendemos que a mediação atenta, como um ímã que atrai e abraça o arte-educador responsável, é também fator condicionante, visando orientar e aprender junto.

Assim, para nós, a compreensão desse processo deve ir além de apenas lamentar o esvaziamento das experiências desenvolvidas na educação formal, indagando: até que ponto o ensino da arte deixa-se levar pelos impulsos burocráticos e normatizadores da escola?

Diante da grave e complexa situação da educação formal na atualidade, inversamente se tornaram flagrantes algumas funções que acreditamos serem esperadas da arte-educação não formal no meio social, ordenadas e comentadas a seguir:

— A Vivekinha serviria para preencher "buracos educacionais"?

— Ou serviria para desenvolver o que se acredita ser um "talento artístico"?

— Ou, ainda, serviria para oferecer um conhecimento cultural "a mais" a essas crianças?

— Parece inequívoca a ideia de que algumas crianças, por supostamente apresentarem "dificuldades de aprendizagem", terminam consideradas como diferentes das demais, tornando-se excluídas de um pressuposto e dissimulado quadro de alunos modelares. Na Vivekinha, inúmeras vezes acolhemos crianças com suspeitas de hiperatividade e/ou de déficit de atenção, por exemplo, só para destacar as queixas mais comuns provindas desses familiares que nos procuram. Afora o cuidado com diagnósticos precoces, em que as reclamações costumam apoiar-se apenas no comportamento "irregular" dessas crianças, nossas atitudes vão em busca de alguns princípios. O primeiro deles envolve a própria criança em questão, por isso procuramos validar sua maneira de ver, sentir e reagir ao mundo. Então escolhemos o diálogo aberto tanto com esses familiares, como com os profissionais aí implicados (pedagogos e/ou psicoterapeutas), pois entendemos que todas essas educações poderão articular-se a favor do crescimento dessa criança.

Não tratamos, assim, de simplesmente preencher "buracos educacionais", como se essas crianças tivessem que "evoluir intelectualmente" em direção àqueles outros considerados bons alunos. Mas entendemos que elas podem, antes de tudo, aprender a desvendar suas próprias potencialidades e contradições também através da arte, para viver e construir-se no presente, utilizando-se para isso de suas próprias ferramentas corporais, emocionais, intelectuais de forma integrada e seguir em frente.

— A ideia de "talento artístico", que costuma vir associada aos tradicionais conceitos neoclássicos de beleza, dom e habilidade que, como vimos, ainda estão arraigados em nossa cultura, tem sido para nós um grande desafio. Isso porque essas crianças, que se veem "premiadas" com tal fama, não raro estranham a pluralidade de experimentações praticadas nos encontros da Vivekinha. Consequentemente, a adesão delas às dinâmicas propostas por nós depende de conseguirmos, ou não, construir estratégias que as ajudem a superar esse desconforto inicial. Por esse mesmo motivo, tornou-se também tão importante para nós a construção de materiais visuais (que enviamos por *e-mail* após cada encontro aos pais), já que nossas escolhas podem igualmente desestabilizar as concepções de arte que os familiares dessas crianças têm.

— Pensamos que oferecer exclusivamente um "conhecimento cultural a mais" às crianças seria um *slogan* e tanto para divulgar os ideais de competitividade do mundo capitalista em que vivemos. Nele, a fragmentação e a quantificação arquitetadas são como ouro para os olhos cobiçosos do mercado educacional, que se compraz em auferir *status* social à arte legitimando-a como culta (Bourdieu e Darbel, 2007, p, 69). Por outro lado, sabemos que essa mesma arte é manipulada e manipuladora das produções massivamente veiculadas atualmente, tornando-se um negócio extremamente lucrativo.

Em meio a essa "saia justa" resta-nos pensar nos artistas, mesmo que dessa nomenclatura também possamos duvidar. Porque são eles, os artistas, que desde a pré-história têm nos mostrado caminhos poéticos e simbólicos, que podem ampliar substancialmente nossa visão de mundo e de nós mesmos. São eles, os artistas, que através de suas criações incitam-nos ao desvelamento de inexploradas emoções, expressas nas entrelinhas, nos interstícios, que cada um de nós poderá ler com os próprios sonhos, ou experiências de vida. Essa aprendizagem, longe de um fetichismo inalcançável, poderá nos ajudar a fisgar os gestos generosamente oferecidos em nosso cotidiano mais banal, com o mesmo prazer transgressor praticado pelas crianças e pelos artistas. Do contrário, corremos o risco de empobrecer a experiência e danificar nosso tão precário senso de humanidade. Aos arte-educadores pode caber, então, a mediação desse processo, ajudando a abrir espaços para leituras e novas expressões, aprendendo também com os outros. Afinal, entendemos que nossos próprios atos contribuem para que o mundo seja o que é, e não podemos evitar essa responsabilidade.

Referências

ALMEIDA, Vanessa Sievers de. *Educação em Hannah Arendt*: entre o mundo deserto e o amor ao mundo. São Paulo: Cortez, 2011. 240 p.

AZEVEDO, Fernando Antônio Gonçalves de. Movimento Escolinhas de Arte: em cena memórias de Noêmia Varela e Ana Mae Barbosa. In: BARBOSA, Ana Mae (Org.). *Ensino da arte*: memória e história. São Paulo: Perspectiva, 2008. p. 217-59.

BARBOSA, Ana Mae. *Arte-educação*: leitura no subsolo. 7. ed. São Paulo: Cortez, 2008a. 199 p.

_____ (Org.). *Ensino da arte*: memória e história. São Paulo: Perspectiva, 2008b. 353 p.

_____. Arte-educação no Brasil: do modernismo ao pós-modernismo. *Revista Art&*, n. 0, out. 2003. Disponível em: <http://www.revista.art.br/site-numero-00/artigos.htm>. Acesso em: 7 maio 2012.

_____. *Recorte e colagem*: influência de John Dewey no ensino de arte no Brasil. São Paulo: Cortez, 1989. 136 p.

_____; COUTINHO, Rejane Galvão. *Ensino da arte no Brasil*: aspectos históricos e metodológicos. Rede São Paulo de Formação Docente: Cursos de Especialização para o Quadro do Magistério da SEESP, Ensino Fundamental II e Médio. São Paulo, 2011. Disponível em: <http://www.acervodigital.unesp.br/bitstream/123456789/40427/3/2ed_art_m1d2.pdf>. Acesso em: 2 jan. 2013.

BENJAMIN, Walter. *Reflexões*: a criança, o brinquedo, a educação. São Paulo: Summus, 1984. v. 17, 117 p. (Col. Novas buscas em educação.)

BOURDIEU, Pierre; DARBEL, Alain. *O amor pela arte*: os museus de arte na Europa e seu público. São Paulo: Edusp, 2007. 239 p.

CRIMP, Douglas. *Sobre as ruínas do museu*. São Paulo: Martins Fontes, 2005. 303 p.

ECO, Humberto. *História da beleza*. Rio de Janeiro: Record, 2004. 438 p.

_____. *História da feiúra*. Rio de Janeiro: Record, 2007. 453 p.

FERRAZ, Maria Heloísa C. de T.; FUSARI, Maria F. de Rezende. *Metodologia do ensino de arte*: fundamentos e proposições. 2. ed. rev. e ampl. São Paulo: Cortez, 2009. 205 p.

GOHN, Maria da Glória M. Educação não formal, participação da sociedade civil e estruturas colegiadas nas escolas. *Ensaio: Aval. Pol. Públ. Educ.*, Rio de Janeiro, v. 14, n. 50, p. 27-38, jan./mar. 2006.

HÉRNANDEZ, Fernando. A cultura visual como um convite à deslocalização do olhar e ao reposicionamento do sujeito. In: MARTINS, Raimundo; TOURINHO, Irene (Org.). *Educação da cultura visual*: conceitos e contextos. Santa Maria: Ed. da UFSM, 2011. p. 31-49.

MALTA, Marize. Escarra nessa boca que te beija... A poesia dos objetos do mal. In: ANPAD, 20., *Anais...*, Rio de Janeiro, 2011.

MINTO, Lalo Watanabe. MEC-Usaid. Verbete In: *Navegando pela história da educação brasileira*. Campinas, Faculdade de Educação, Unicamp, 2006. (Grupo de Estudos e Pesquisas "História, Sociedade e Educação no Brasil".) Disponível em: <http://www.histedbr.fe.unicamp.br/navegando/glossario/verb_c_mec-usaid%20.htm>. Acesso em: 29 jan. 2015.

MORAIS, Frederico. As teorias do Barroco e o Brasil. *Cadernos História da Pintura no Brasil*: Pintura Colonial, São Paulo: Instituto Cultural Itaú, n. 7, p. 7-8, 1994.

MORAIS, Frederico. Academismo: marcos históricos. *Cadernos História da Pintura no Brasil*, São Paulo, Instituto Cultural Itaú, 29 p., 1993

MORIN, Edgar. *A cabeça bem-feita*: repensar a reforma, reformar o pensamento. Rio de Janeiro: Bertrand Brasil, 2010. 128 p.

NASCIMENTO, Erinaldo Alves do. Formação profissional do "bom silvícola" nas artes e ofícios. In: BARBOSA, Ana Mae (Org.). *Ensino da arte*: memória e história. São Paulo: Perspectiva, 2008. p. 27-48.

NOGUEIRA, Maria Alice; CATANI, Afrânio (Org.). *Escritos de educação*: Pierre Bourdieu. Petrópolis: Vozes, 1998. 251 p.

NÓVOA, António. *Desafios do trabalho do professor no mundo contemporâneo*. Sinpro-SP, 2006/2007.

RIBEIRO, Maria Luísa Santos. *História da educação brasileira*: a organização escolar. 8. ed. rev. e ampl. São Paulo: Cortez/Autores Associados, 1998. 180 p. (Col. Educação contemporânea.)

ROLNIK, Suely; ANJOS, Moacir dos. *Permanências e impermanências na produção artística contemporânea*. Palestra proferida no auditório da Fundaj, na 10ª edição do SPA das Artes do Recife, 2011. Disponível em video: < http://www.canalcontemporaneo.art.br/quebra/ >. Acesso em: 29 jan. 2015.

VASCONCELLOS, Maria José Esteves de. *Pensamento sistêmico*: o novo paradigma da ciência. Campinas: Papirus, 2002. 268 p.

5

Meios tecnológicos para a educação não formal de música

*Daniel Marcondes Gohn**

No século XXI, as tecnologias digitais deram origem a diversos meios para trocas de informação, destacando-se a internet e os aparelhos celulares, principalmente pela popularidade entre as gerações mais jovens. Tais meios apresentam enorme potencial de aprendizagens, tanto em situações formais como não formais, em variadas áreas de conhecimento. No campo da música, com a facilidade de acesso a gravações de áudio e vídeo, por compartilhamento de arquivos ou indicações nas redes sociais, pode ocorrer uma ampliação do universo sonoro do ouvinte, a partir de ferramentas como Soundcloud e YouTube. Além disso,

---

* *E-mail*: <dgohn@uol.com.br>.

observam-se oportunidades de envolvimento não apenas com a recepção de música, mas também com a sua produção, levando o usuário das tecnologias a tocar instrumentos e a aprimorar suas práticas, sempre com o auxílio de várias fontes eletrônicas de informação.

Neste capítulo, iremos investigar algumas das alternativas existentes para a aprendizagem musical na internet, dentro dos principais conceitos delimitadores da educação não formal: processos não organizados por idade ou séries, construídos por escolhas ou sob certas condicionalidades, marcados por uma intencionalidade no aprender, que ocorrem fora das instituições de ensino (Gohn, 2010, p. 15-21). São processos que já ocorriam antes de a internet ser considerada "o tecido das nossas vidas" (Castells, 2001, p. 1), mas que tem seu alcance redobrado continuamente pela expansão e pelo desenvolvimento das tecnologias da informação e comunicação.

Também há um crescente cenário formal de educação a distância (EaD) na internet, no qual muitos caminhos têm surgido para o estudo musical, pavimentados por instituições públicas e privadas. O grande número de alunos que podem ser alcançados amplia as chances de lucro para o setor privado, ao passo que, no âmbito da educação pública, a modalidade EaD foi beneficiada com a criação da Universidade Aberta do Brasil (UAB), projeto que desde 2007 oferece cursos superiores de música nas universidades federais (Gohn, 2011). Esse cenário formal não será abordado no presente texto, mas é uma possível continuação das aprendizagens não formais, estruturando e certificando o conhecimento que circula nas redes eletrônicas.

Aprendizagem via YouTube

O avanço das tecnologias digitais proporcionou uma série de facilidades na produção, na edição e na transmissão de dados, que podem ser acessados em diferentes formatos de arquivos, em qualquer aparelho conectado às redes eletrônicas. A rapidez com que as trocas de informação ocorrem tem aumentado continuamente, pela possibilidade técnica de maior velocidade nas conexões e pela disseminação de equipamentos como *smartphones*, *tablets*, *laptops* e computadores em geral — estamos conectados a maior parte do tempo, todos os dias. Dessa forma, percebemos que "com o desenvolvimento tecnológico, a sociedade atua em rede e novos processos de aprendizado têm sido criados, reciclados ou clamados como necessários" (Gohn, 2014, p. 38).

No contexto da música, os novos processos de aprendizado em rede estão diretamente associados a ferramentas para o compartilhamento de vídeos, principalmente o YouTube (www.youtube.com). É um serviço gratuito, criado em 2005, no qual é possível assistir e enviar vídeos, tornando-se um portal para referências de imagens em movimento. Para encontrar um vídeo com determinado conteúdo, podemos realizar pesquisas por palavras-chave nos mecanismos de busca como o Google ou diretamente no YouTube, e depois os materiais encontrados podem ser organizados em canais individuais criados por cada usuário. Portanto, o serviço tem enorme potencial educacional, especialmente para a música, como demonstram as estratégias elaboradas por Rudolph e Frankel (2009). Mas o que realmente transformou o YouTube em uma ferramenta que funciona em rede foi a possibilidade de inserir os vídeos em outros *websites*, deixando-os "embutidos". Ou seja, é possível assistir a conteúdos que estão no YouTube diretamente a partir de outros endereços eletrônicos, como usualmente acontece em redes sociais como o Facebook (<www.facebook.com>).

A capilaridade dos compartilhamentos faz com que o alcance de vídeos populares seja ampliado exponencialmente, o que resulta na divulgação de todo tipo de ideias, incluindo as criativas e inspiradoras ou as que promovem intolerância e o fanatismo. Obviamente há riscos com tamanha facilidade, pois o escândalo e a difamação alheia são atraentes para muitos, mas as iniciativas positivas sempre se apresentam significativas e transformadoras. Na educação musical temos exemplos disso: a partir da inserção de vídeos do YouTube em outras páginas da internet, muitos espaços virtuais começaram a ser criados com objetivos educacionais, contextualizando os conteúdos e criando sequências para "dosar" seu estudo em etapas razoáveis. Um modelo desse caso, voltado para o ensino de violão e guitarra, é o *website* Justin Guitar (www.justinguitar.com), montado pelo músico londrino Justin Sandercoe. Nesse endereço eletrônico, há mais de 750 vídeos didáticos, oferecendo um curso sem avaliação ou certificação, gratuitamente — a compensação financeira do professor provém de doações ou de materiais complementares que são vendidos pelo *site*.

A falta de compromissos entre "aluno" e "professor", seja para compras dos materiais ou quaisquer outras contribuições, assim como para a continuidade de estudos, torna o *site* um simples índice de videoaulas. O aprendiz pode começar no ponto que quiser, escolher as músicas que quer tocar e mesclar as lições com o que aprendeu em outros *sites*. Percebemos que "o conteúdo apreendido nunca é exatamente o mesmo do transmitido por algum ser cu meio/instrumento tecnológico porque os indivíduos reelaboram o que recebem segundo sua cultura" (Gohn, 2014, p. 39). Embora exista a possibilidade de um estudante assistir a todos os vídeos do Justin Guitar em sequência, concentrando sua atenção nesse *site* como um curso *on-line*, a quantidade e a variedade de materiais disponíveis no universo da internet são demasiadamente tentadoras, deixando essa hipótese pouco provável. Logo, o que se aprende nessa fonte é fundido com as demais e com as experiências anteriores do aluno. Caracteriza-se então uma situação de educação não formal, em processos de autoaprendizagem, autorregulados e sem etapas definidas, nos quais o objetivo maior é suprir o desejo por aprendizado.

Sites como Justin Guitar não existiriam sem o YouTube, pois este serve como hospedeiro de seus conteúdos. Outros serviços podem ser usados com essa finalidade, como o Soundcloud (www.soundcloud.com), especializado no compartilhamento de gravações sonoras. Com essa ferramenta, arquivos de áudio são postados e podem ser diretamente compartilhados no Facebook ou em outros *websites*. É importante destacar que, atualmente, o YouTube também vem sendo utilizado para postagens com o áudio de gravações, mantendo a tela com imagens estáticas. Dessa maneira, o YouTube acabou se tornando um repositório de materiais sonoros, muitas vezes burlando leis de propriedade artística e oferecendo livre acesso a gravações que são vendidas comercialmente. Basta digitar o nome de qualquer artista conhecido e provavelmente serão encontrados discos antigos e CDs recentes, tendo a capa como imagem constante no vídeo. Tal prática contribui para as aprendizagens não formais observadas neste capítulo, pois representa o acesso rápido a um vasto acervo musical, o que é extremamente relevante para as diversas áreas de estudo da música.

Papel do professor e interações digitais

Muitos trabalhos no campo da educação musical não formal, a exemplo de Almeida (2005) e Wille (2005), retratam situações em que professores atuam fora do ambiente escolar. Usualmente são projetos sociais ou outros contextos com encontros regulares, sem currículos definidos e sem uma oficialização das aulas, mas sempre com a figura do professor, que orienta os alunos e realiza planejamentos. Por outro lado, quando a mediação tecnológica está envolvida, é comum que a imagem do professor seja dissipada, pois as decisões em relação a conteúdos e processos de estudo ficam a cargo do aprendiz. Quando não há metas concretas para uma certificação, com avaliações e tempo definido para a conclusão de curso, o interesse do estudante permanece na busca de recompensas particulares: tocar determinada música, dominar uma técnica com o instrumento, compreender as especificidades de um compositor ou gênero musical etc. O papel do professor fica distribuído entre organizadores de materiais, produtores eventuais de vídeos no YouTube, fóruns de discussão e demais *websites* voltados para educação musical. Nos fóruns, é comum o auxílio entre estudantes de música, com indicações de vídeos, envios de arquivos PDF e resoluções de dúvidas. Por exemplo, na comunidade virtual denominada Violão.org (www.violao.org), com mais de 8.000 participantes, ocorrem interações intensas dessa natureza, como também entre aprendizes iniciantes e professores, resultando em um contínuo fluxo de informações *on-line* (Scotti, 2011).

Nesse sentido, a aprendizagem via internet apresenta tantas alternativas que dificilmente existirá "um professor" único e exclusivo, para orientar o desenvolvimento do aluno. Sempre haverá uma mistura na origem do que se recebe, formando um caldeirão com visitas mais frequentes a alguns *websites* e acessos pontuais às indicações provindas de redes sociais. Essa observação serve tanto para aqueles que procuram autoaprendizagem, para quem estuda em cursos formais de EaD, como para alunos de todos os tipos de cursos presenciais. Portanto, na tentativa de delinear uma educação musical não formal nas redes eletrônicas, o foco principal é a interação entre aluno e conteúdos, embora possam ocorrer interações entre alunos e entre aluno e professor.

Esses três tipos distintos de interação (aluno-conteúdo, aluno-professor e aluno-aluno) são apontados por Moore e Kearsley (2007) como a base para a educação a distância, à qual foi somado um quarto tipo de interação, aluno-interface, por Hillman, Willis e Gunawardena (1994). Estamos aqui nos concentrando em interfaces existentes na internet, mas há outros meios tecnológicos para aprendizagens musicais, como jogos eletrônicos e aplicativos para *tablets* e *smartphones*. Alguns dos "jogos musicais" surgiram com controladores que imitavam instrumentos musicais, para que os usuários respondessem aos acontecimentos percebidos na tela da máquina. Como exemplos desse caso podem ser citados o *Guitar Hero* e o *Rock Band*. Outros jogos foram criados com o uso de instrumentos musicais reais como controladores, o que possibilita aprender os procedimentos para tocá-los, tendo os objetivos internos do jogo como estratégia de estudo. Como exemplo desse modelo pode ser indicado o *Rocksmith*, além de outros similares, como *Joytunes* (www.joytunes.com) e *Guitar Bots* (https://guitarbots.com), que são acessíveis via internet. Tais jogos oferecem oportunidades significativas de aprendizagem musical, embora a ausência de um professor para indicar erros e problemas (de posturas incorretas e tensões musculares, por exemplo) possa prejudicar o desenvolvimento do aluno (Aliel e Gohn, 2012).

Já em aplicativos para *tablets* e *smartphones* usualmente há uma finalidade definida de interação, que pode ser para treinamento auditivo, produção musical ou várias outras. Ferramentas digitais como essas são importantes dentro de contextos específicos, mas não necessariamente se configuram como meios de aprendizagem. No entanto, alguns aplicativos são formatados para gerenciar material didático, e nesses casos servem como uma central de acesso a conteúdos de diferentes tipos, como textos, vídeos, áudios e partituras. Um exemplo é o *Drum Guru*, especializado no ensino de bateria, que é baixado gratuitamente e oferece pacotes de aulas para compra. Com o aplicativo, além dos vídeos, o aprendiz tem acesso a materiais interativos correspondentes, como áudios dos exercícios que podem ser ouvidos em andamentos mais lentos, para facilitar a compreensão. Destaca-se assim a interação aluno-interface, que irá auxiliar a relação aluno-conteúdo.

Todos os exemplos mencionados, de *websites* a jogos e aplicativos, formam um amplo conjunto de alternativas para o estudo musical. Expandindo essa coleção e desafiando uma linha tênue entre educação formal e não formal, outro fenômeno tem crescido rapidamente nos domínios da internet: o MOOC.

Cursos *on-line* abertos e massivos (MOOCs)

O MOOC (*Massive Open Online Course*), ou curso *on-line* aberto e massivo, é um formato de ensino que tem recebido bastante atenção em tempos recentes. Desde meados de 2012, a oferta gratuita de tais cursos tem sido amplamente noticiada no Brasil (Aragão, 2012; Pompeu, 2012), destacando projetos como edX (<www.edx.org>), que reúne instituições como a Universidade de Harvard e o MIT (Instituto de Tecnologia de Massachusetts); e Coursera (<www.coursera.org>), que conta com cursos organizados por dezenas de universidades, entre as quais Stanford, Cambridge e Princeton. Essas instituições renomadas oferecem educação a milhares de alunos distribuídos por todo o planeta, em plataformas *on-line*, com sistemas próprios de avaliação e certificação.

O interesse de alunos por esse tipo de curso é confirmado pelos números do Coursera: são mais de 22 milhões de estudantes, provenientes de 190 países, inscritos em ao menos um dos 571 cursos oferecidos.[7] Dentro desse grupo, segundo a presidente do Coursera, Daphne Koller, já foi ultrapassada a barreira de 300 mil participantes brasileiros,[8] mesmo sem cursos em português.[9] Em meio a dezenas de categorias, há cursos sobre música, incluindo história, produção sonora com equipamentos digitais e instrumentos musicais específicos, oferecendo uma ampla gama de assuntos relacionados.

Embora as características desses cursos levem a crer que se trata de uma situação de ensino exclusivamente formal, por serem preparados por instituições e terem currículos definidos, é simples perceber que muitos de seus alunos não querem ser avaliados e não buscam certificados. Uma breve visita aos fóruns de discussão, espaço *on-line* em que se resolvem dúvidas e são expostos os objetivos pessoais dos participantes, revela que esse perfil de aluno quer aprender e interagir com outros, sem se preocupar em receber comprovação do aprendizado. Por isso, tira proveito do fato de que é possível acessar todos os conteúdos dos cursos, sem realizar provas ou se comprometer a participar de todas as etapas do processo. O que realmente importa é ter materiais de boa qualidade, organizados por professores confiáveis, que podem ser combinados com outros conteúdos existentes na internet.

---

7. Dados de 17 de janeiro de 2014. Disponível em: <https://www.coursera.org/about/community>. Acesso em: 18 nov. 2014.

8. Disponível em: <http://www.unicamp.br/unicamp/noticias/2014/09/18/unicamp-passa-oferecer-cursos-na-plataforma-coursera>. Acesso em: 18 nov. 2014.

9. Em 2014, a Fundação Lemann iniciou um projeto para traduzir conteúdos do Coursera, conforme o *site* <http://www.fundacaolemann.org.br/coursera>.

Percebemos que o formato do MOOC estimula a convivência entre alunos "formais", que participam de todas as etapas e realizam avaliações, com os "não formais", que normalmente selecionam parte dos conteúdos a estudar e não se preocupam com a nota que irão receber no curso. Não há nenhuma restrição de acesso aos materiais, que ficam abertos para todos aqueles que se inscreveram, e todos podem interagir nos fóruns de discussão. Os alunos podem absorver os conteúdos em seu próprio ritmo, mas ao contrário de *websites* como Justin Guitar, existe um padrão que opcionalmente pode ser seguido. A organização em unidades semanais, comum nesses cursos, é um caminho para a sistematização dos estudos, servindo como referência para acompanhar o desenvolvimento dos colegas.

A seguir, para exemplificar as ofertas de cursos *on-line* abertos e massivos na área musical, são detalhados três cursos tendo como assuntos específicos produção musical (Introduction to Music Production), ensino de instrumentos (Introduction to Guitar) e história da música (History of Rock). Todos foram selecionados entre as alternativas do projeto Coursera e são lecionados na língua inglesa.

Exemplos de MOOC na área musical

Introduction to Music Production é ministrado pelo professor Loudon Stearns e organizado pela Berklee School of Music, que mantém um programa regular de cursos *on-line* pagos e, seguindo uma tendência de várias instituições norte-americanas, valida créditos acadêmicos obtidos dessa forma em seus programas presenciais. Deve-se destacar que no Coursera todos os cursos são gratuitos e acabam por servir como "chamariz" para continuações que são pagas. Com duração de seis semanas, esse curso trata de uma vasta gama de temas dentro do universo da produção musical, incluindo aspectos físicos do som, *softwares* diversos de gravação sonora, *mixers* e outros equipamentos analógicos, efeitos digitais (dinâmicos, filtros e *delays*), assim como princípios de síntese sonora.

Introduction to Guitar é ministrado pelo professor Thaddeus Hogarth. O material serve tanto para violão como para guitarra elétrica, apresentando conteúdos a iniciantes: da afinação e formas de notação do instrumento à formação de escalas e sequências de acordes. Esse curso também é oferecido pela Berklee School of Music com a duração de seis semanas, e tem em comum com o anterior a exigência de tarefas semanais, além de uma avaliação final. Há tarefas no formato de *quiz*, com questões de múltipla escolha, e outras nas quais os alunos devem gravar suas *performances* e as enviar ao serviço Soundcloud, postando o *link* correspondente no ambiente Coursera.

History of Rock é oferecido pela Universidade de Rochester, com a duração de sete semanas, sob a responsabilidade do professor John Covach. Tomando como base *What's that sound?*, um livro de 640 páginas escrito por Covach e Andrew Flory, o curso apresenta estudos desde o início do século XX, discutindo gêneros musicais que deram origem ao *rock* e o desenvolvimento dos meios de comunicação. É destacado que a perspectiva é americana, relacionando fatos históricos nos Estados Unidos (migrações internas, Segunda Guerra Mundial) com hábitos da sua população (surgimento do conceito de *teenager*, influências de rádio e televisão no cotidiano). Esses assuntos são expostos com uma série de aulas em vídeo, em média dez palestras de dez minutos a cada semana.

O uso do vídeo é predominante nos três cursos, sendo a imagem dos professores constante, falando diretamente aos alunos. Tal comunicação ocorre sempre com vídeos pré-gravados, ou seja, não há interação em tempo real. Dessa forma, é possível assegurar a qualidade de som e imagem para as aulas, o que não aconteceria com transmissões "ao vivo". O contato síncrono por videoconferências oferece muitas possibilidades ainda não exploradas no campo da música, especialmente na educação superior, contribuindo para o "desenvolvimento de trabalhos colaborativos e cooperativos, bem como a afetividade e a comunicação visual" (Oliani e Pereira, 2012, p. 80). No entanto, nos MOOCs essa alternativa não é utilizada: o principal meio para interagir no Coursera são os fóruns escritos, nos quais perguntas são respondidas por colegas e "membros do *staff*", com participações eventuais do professor responsável. Nesses ambientes, as dúvidas sobre os materiais didáticos são resolvidas e laços de afetividade são criados e expandidos para outras redes sociais. Anúncios de grupos no Facebook são comuns, especialmente entre indivíduos de países em que a língua materna não é o inglês.

Embora a interação nos fóruns seja intensa, a falta de comunicação visual resulta em dificuldades, principalmente na avaliação da aprendizagem. Em Introduction to Guitar, por exemplo, não é possível visualizar os alunos tocando.

Como será detalhado mais adiante, nesse curso são os próprios colegas que comentam as *performances*, com base em gravações sonoras. Portanto, tensões musculares decorrentes de má postura não são detectadas e podem gerar lesões em consequência. Esse problema não ocorre nos outros dois cursos, nos quais as tarefas não envolvem instrumentos musicais. Para a avaliação em Introduction to Music Production os alunos devem produzir algum tipo de material (por exemplo, vídeos ou arquivos PDF e PowerPoint, combinando textos e imagens) que demonstre a compreensão dos conceitos discutidos nos vídeos; ao passo que em History of Rock há somente questões de múltipla escolha.

As videoaulas são extremamente bem produzidas, mostrando professores expressivos e bem preparados. O fato de que todas podem ser assistidas repetidamente facilita a compreensão de assuntos complexos, minimizando dificuldades para estudantes que não são fluentes na língua inglesa. Nesse sentido, há um recurso para diminuir a velocidade dos vídeos, tornando a fala mais lenta (ou mais rápida, caso o aluno tenha pressa para assistir ao material), e podem ser baixados arquivos com transcrições exatas das exposições dos professores. Em alguns casos também são disponibilizados arquivos PDFs com diagramas e imagens que foram usados nos vídeos, para auxiliar os estudos posteriores, e são inseridas perguntas para reforçar os pontos principais (que não contam como avaliação).

Em todos os cursos, agendas organizam os eventos da semana, com a definição de datas-limite para tarefas e a sinalização da abertura de novos conteúdos. Os materiais são cumulativos, ou seja, podem ser consultados a qualquer momento após ficarem disponíveis, e ficam acessíveis mesmo depois do encerramento do curso. Os alunos que não realizam as tarefas dentro dos prazos estabelecidos podem estudar os conteúdos, mas não recebem certificados.

No Coursera é utilizado um sistema de correção por *peer review* (correção feita pelos colegas), do qual resulta parte da nota final (de 50% a 60%), com a outra parte sendo obtida nas atividades em formato *quiz*,[10] que tem correção automática. Em geral, cada aluno deve corrigir as tarefas de cinco colegas, dando notas e tendo espaço para comentários. É opcional que mais tarefas sejam corrigidas, mas o número mínimo deve ser alcançado para que não haja desconto na nota do próprio aluno.

A correção realizada por não especialistas ocasiona muitas variáveis no processo, pois dentro de um universo tão grande de alunos, encontram-se aqueles com razoável experiência em meio a completos iniciantes. Dessa forma, em uma tarefa podemos ter sugestões pertinentes e relevantes, enquanto em outras as observações denotam total falta de conhecimento dos colegas. Por exemplo, nos cursos Introduction to Music Production e Introduction to Guitar, muitos alunos já passaram por estudos musicais e buscam aprendizados específicos respectivamente com tecnologias e com instrumentos de cordas. Esses colegas oferecem *feedbacks* com vocabulário rico e indicações de pontos a melhorar. Em contrapartida, os iniciantes fazem comentários superficiais, sem contribuir em qualquer aspecto.

---

10. A única exceção é o curso History of Rock, que divide as notas entre *quiz* e avaliação final, que também é realizada com questões de múltipla escolha.

Como ter expectativas de alguém que jamais estudou música na vida e repentinamente recebe a missão de avaliar a gravação de uma escala maior executada no violão? Ou sugerir melhorias em produções musicais que utilizam efeitos digitais para determinado resultado, se a percepção do indivíduo não foi treinada para distinguir os elementos básicos dessas produções (nos fóruns, há relatos de dificuldades para perceber linhas de contrabaixo, em relação ao som de pianos e guitarras).

Os sistemas usados para lidar com tamanhos contingentes de alunos têm levantado questionamentos quanto à certificação dos cursos. Especialmente nos Estados Unidos, os MOOCs geram controvérsia e debates calorosos (Heller, 2013), pois há leis em discussão que regulamentam sua aceitação, como créditos acadêmicos em instituições públicas. Ou seja, um aluno que fosse aprovado em um MOOC teria isso registrado e validado em seu histórico escolar. Tal perspectiva não é bem-vista pelos mais críticos, que consideram a ação do professor nesses cursos secundária e os meios de avaliação pouco rigorosos. No Coursera, segundo Jacobs (2013, p. 1), "o professor fica, na maior parte dos casos, fora do alcance dos estudantes, apenas um pouco mais acessível do que o papa ou Thomas Pynchon".[11] O mesmo autor, em um artigo no jornal *The New York Times*, destaca o paradoxo implicado na situação, pois esses professores são simultaneamente os mais e os menos acessíveis na história da educação. Suas aulas têm alcance de milhares

---

11. Thomas Pynchon é um autor americano conhecido por seus livros extremamente longos e complexos, repletos de histórias paralelas e com muitos personagens.

de alunos, mas há grandes dificuldades em fazer uma simples pergunta a eles. São as incoerências dos tempos digitais: facilidades e transtornos convivem lado a lado.

Conclusão

À medida que os conteúdos da internet são ampliados, é inevitável que não apenas cursos estruturados e certificados aconteçam, mas também investigações isoladas, a partir de interesses pessoais, resultando em um crescimento do universo de aprendizagem não formal. Como observa Keen (2007), isso nos leva a situações em que não especialistas tornam-se professores, pois qualquer um pode postar um vídeo no YouTube e o alcance das imagens é mundial. Diante de tal contexto, saber julgar a confiabilidade de materiais é cada vez mais importante.

Por outro lado, a existência de cursos abertos, preparados por instituições conhecidas e respeitadas, oferece oportunidades para que conhecimento seja acessado com segurança, na velocidade e na quantidade desejadas pelo aluno. Certamente iremos presenciar uma expansão contínua desses conteúdos na língua portuguesa, como já se observa na iniciativa da Unesp Aberta (<www.unesp.br/unespaberta>). Outras deverão surgir, somando-se aos recursos abertos da internet e ao rol de ferramentas digitais, como jogos eletrônicos e aplicativos de celulares.

A compreensão dos fenômenos tecnológicos é um grande desafio, pois as mudanças são rápidas e amplas. No campo da música, as possibilidades são muitas e as novidades dão dimensões cada vez maiores aos seus processos de ensino e aprendizagem. É dever de todo educador acompanhar essas mudanças e buscar aproveitar todos os aspectos positivos que elas possam oferecer.

Referências

ALIEL, Luzilei; GOHN, Daniel Marcondes. Jogos eletrônicos e educação musical: breve análise. In: SEMANA DE EDUCAÇÃO MUSICAL DO IA/UNESP, 4.; ENCONTRO REGIONAL SUDESTE DA ABEM, 8., *Anais*..., São Paulo, p. 655-64, 2012.

ALMEIDA, Cristiane Maria Galdino de. Educação musical não formal e atuação profissional. *Revista da ABEM*, Porto Alegre, v. 13, p. 49-56, set. 2005.

ARAGÃO, Alexandre. Harvard, *on-line*, de graça. *Folha de S.Paulo*, São Paulo, 3 de dez. 2012. FolhaTec, caderno F, p. 1-3.

CASTELLS, Manuel. *The internet galaxy*: reflections on the internet, business, and society. New York: Oxford University Press, 2001.

GOHN, Daniel Marcondes. A internet em desenvolvimento: vivências digitais e interações síncronas no ensino a distância de instrumentos musicais. *Revista da ABEM*, v. 21, n. 30, p. 25-34, 2013.

_____. *Educação musical a distância*: abordagens e experiências. São Paulo: Cortez, 2011.

GOHN, Maria da Glória. Educação não formal, aprendizagens e saberes em processos participativos. *Investigar em Educação*, II série, n. 1, p. 35-50, 2014.

GOHN, Maria da Glória. *Educação não formal e o educador social*: atuação no desenvolvimento de projetos sociais. São Paulo: Cortez, 2010.

HELLER, Nathan. Laptop U. Has the future of college moved online? *The New Yorker*, 20 maio 2013. Disponível em: <http://www.newyorker.com/magazine/2013/05/20/laptop-ul>. Acesso em: 24 nov. 2014.

HILLMAN, Daniel C.; WILLIS, Deborah J.; GUNAWARDENA, Charlotte N. Learner-interface interaction in distance education: an extension of contemporary models and strategies for practitioners. *The American Journal of Distance Education*, v. 8, n. 2, p. 30-42, 1994.

JACOBS, A. J. Two cheers for Web U! *The New York Times*, Sunday Review, The Opinion Pages, 20 abr. 2013, p. 1. Disponível em: <http://www.nytimes.com/2013/04/21/opinion/sunday/grading-the-mooc-university.html>. Acesso em: 24 nov. 2014.

KEEN, Andrew. *The cult of the amateur.* How blogs, MySpace, YouTube, and the rest of today's user-generated media are destroying our economy, our culture, and our values. New York: Doubleday, 2007.

MOORE, Michael; KEARSLEY, Greg. *Educação a distância*: uma visão integrada. São Paulo: Thomson Learning, 2007.

OLIANI, Gilberto; PEREIRA, Elisabete M. A. O uso de videoconferência na educação superior. In: OLIANI, Gilberto; MOURA, Rogério A. *Educação a distância*: gestão e docência. Curitiba: Editora CRV, 2012. p. 77-97.

POMPEU, Sergio. Aprendendo de graça com os tops. *O Estado de S. Paulo*, São Paulo, 29 abr. 2012, p. 6-8. Estadão.edu.

RUDOLPH, Thomas; FRANKEL, James. *YouTube in music education*. New York: Hal Leonard Books, 2009.

SCOTTI, Adelson Aparecido. *Violão.org*: saberes e processos de apreensão/transmissão da música no espaço virtual. Dissertação (Mestrado) — Universidade Federal de Uberlândia, Uberlândia, 2011. 166 f.

WILLE, Regiana Blank. Educação musical formal, não formal ou informal: um estudo sobre processos de ensino e aprendizagem musical de adolescentes. *Revista da ABEM*, Porto Alegre, v. 13, p. 39-48, 2005.